不動産投資リスクの基礎知識

危険を見抜く、対処法を知る、利益につなげる

三菱UFJ信託銀行 不動産コンサルティング部 著
日経不動産マーケット情報 編

日経BP社

[本書の使い方]

この本は、仕事の目的や忙しさに応じて次のような使い方ができます。

●仕事の流れに沿って体系的に知る
不動産のリスクを取得、保有・運用、売却という仕事の流れに沿って構成しました。目次に従い第1章から順に読むことで、不動産投資リスクの基礎知識を体系的に身につけることができます。

●リスクの分野ごとに知識を得る
仕事の流れとは別に、「管理運営リスク」「市場変動リスク」といった形で、リスクの分野別に知識を得ることもできます。次ページのリスクの分類表をご覧ください。

●とりあえず要点を押さえる
各節に設けた「ポイント整理」を拾い読みしてください。要点を押さえることができます。

●主要なリスクを手早くチェックする
不動産の取得、保有・運用、売却にまつわる主要なリスクをチェックできるようにしました。198ページをご覧ください。

[こんな人に最適です]

本書は、不動産と金融に通じた信託銀行の専門家が書き下ろしました。**①わかりやすい説明、②仕事の流れに沿った整理、③実例を踏まえた解説**——が特徴です。
次のような方に、お使いいただくことを想定しています。

・売買、仲介、運用、証券化、評価など、不動産投資ビジネスにかかわる初・中級者
・アセットマネジャー、プロパティマネジャーをめざす人
・建築設計事務所や建設会社の設計者
・金融機関の融資担当者
・企業の資産管理担当者、個人ビルオーナー
・不動産、金融、建築分野への就職を考えている学生

[**不動産投資リスクの一覧**]

開発時 → 取得時

1-1 事業性の見込みに関するリスク

市場変動リスク
- ○事業費増加リスク

資金調達 P23	
収支計画 P26	○収益が市場と乖離 ○将来キャッシュフローの変動リスク
金利変動 P31	○デフォルトリスク(返済不能)

法的リスク
- ○許認可リスク
- ○近隣問題リスク
- ○計画変更リスク

会計・税務 P32	○会計上のリスク ○二重課税リスク

1-3 関係者の権利義務や信用に関するリスク

開発物件 P35

第三者の権利 P74	○担保権 ○第三者による利用権 ○不法占拠リスク ○越境リスク
売り主の信用 P89	○売買代金決済 ○契約の有効性 ○瑕疵担保責任の履行 ○真正売買否認のリスク

管理運営リスク
- ○リーシングリスク

共有、区分所有 P79	○使用・収益・処分の制限 ○管理上の制約
借地権 P86	○地主の承諾

1-2 欠陥・瑕疵に関するリスク

土地・建物の物理的リスク
- ○完工リスク
- ○タイム・オーバーラン・リスク

環境 P46	○アスベスト、PCB、土壌汚染
耐震性 P63	○耐震強度
違法建築物 P68	○既存不適格建築物と違法建築物 ○手続きの瑕疵

保有・運用時 → 売却時

2-1 不動産経営に関するリスク

収益変動	P102	○賃料変動リスク ○空室リスク ○管理コスト変動リスク ○DSCRのリスク
価格変動	P106	○不動産価格の変動
金利変動	P113	○金利と賃料の変動のずれ

| 税制改正 | P115 | |

3 売却時のリスク

流動性リスク	P184
○必要な時に売却して換金できないリスク	

| 法改正 | P192 |

2-2 テナントに関するリスク

賃貸借契約	P122	○賃料滞納リスク ○無断転貸のリスク
テナント構成	P125	○異質テナント ○テナントの信用リスク
テナントによる違反工事	P132	○違法改造

2-3 ビル機能・周辺環境の変化に関するリスク

機能的減価	P142	経済的減価	P148
○建物機能の陳腐化		○市場性の減退	

2-4 事故・災害のリスク

事故・火災	P162	物理的減価	P139
○土地工作物責任 ○債務不履行責任		○経年劣化を超える物理的損傷	

| 地震 | P166 |

はじめに

　かつて、土地価格が右肩上がりに上昇していたときの不動産投資は、不動産が本来もつリスクをあまり考えなくても、値上がり益で採算がとれました。その後のバブル崩壊と長い不動産市場の低迷で、不動産のもつ様々なリスクが意識され、リスクをどうコントロールするかということが真剣に検討されました。

　本来不動産投資は、不動産が生み出すキャッシュフローが投資額に対してどのぐらいの利回りかを物差しとして行うものです。そのキャッシュフローは不動産固有の、あるいはその物件に固有の様々なリスクを将来性も踏まえて、きちんと反映されたものでなければなりません。実はこの点は、自社ビルを自ら利用する場合でも、基本的には同じことです。そこでは自らテナントとして賃料を払っていないだけで、その不動産を最適な状態で経営しているかという視点に立って考えるべきだからです。

　不動産投資リスクの内容は、金利や景気などの経済の視点、建物の物理的な観点、売買や賃貸借、管理をめぐる法的な観点、税務や会計の動向など、あらゆる分野に関連するものです。もちろん、それぞれの専門家や専門の会社に依頼する場合が多いのですが、何が問題で、どのように専門家を使うのかは最終的に投資家や保有者の責任で判断する必要があります。

　もとより、いたずらにリスクをおそれるのではなく、それぞれのリスクの内容と可能性を理解し、その分をコストとして認識することが重要です。つまり投資物件であれば、投資する価格や求める利回りにリスクを反映させます。自社保有不動産であれば、価値を最も高くするために必要な出費と考えるべきでしょう。本書はこのような考え方のもとで、初めて不動産投資をお考えの方や、自社ビルのマネジメントを担う方を対象に、不動産がもつ基礎的なリスクの内容とその解決法を解説したものです。本書の特色は以下の4点です。

　第1に、初めて不動産投資やビルのマネジメントを行う方が具体的なイメー

ジをつかんでいただけるように、できるだけわかりやすく解説しました。イメージがつかみにくい点は図を用いて適宜、補う工夫をしました。なお、本書ではわかりやすさを重視したので、専門的学術的な観点からは必ずしも正確でない点や、説明していない例外事項があることをご承知おきください。

　第2に、不動産のリスクを「不動産を取得するとき」、「保有して運用しているとき」、「売却するとき」の三つに分けて、それぞれの場面で留意すべき点を整理し、価値を高めていくための解決方法を示しました。保有不動産のマネジメントを担う方には、第2章の「保有・運用時のリスク」が参考になるものと思います。

　第3は、現実に起きている不動産をめぐるリスクを実務に即して解説したことです。昨年以来相次いで発覚し、大きな社会問題となっている耐震偽装問題や建物のアスベスト、エレベーターの保守管理など、不動産を取り巻く事件についてもリスクの観点から採り上げました。特に、最近の事例や少し専門的な内容については、適宜「コラム」を設けて詳細に記述しました。

　第4に、各節ごとのまとめとして「ポイント整理」のページを設けました。各節を読み終えたあとの振り返りとしてご活用ください。最初に「ポイント整理」を読んで、必要な本文をお読みいただくといった使い方もできます。

　不動産固有のリスクをきちんと認識し、そのリスクに見合った投資が行われることこそ真の不動産投資であり、マーケットを成長させる基礎であると思います。読者の皆様が不動産のリスクを正確にとらえ、適正なコスト認識に基づく不動産投資や保有不動産のマネジメントを行うことに、少しでもお役に立てれば望外の幸せです。

2006年8月
三菱UFJ信託銀行　不動産コンサルティング部

目次

本書の使い方 ……………………………………………………………… 3
不動産投資リスクの一覧 ………………………………………………… 4
はじめに …………………………………………………………………… 6

第1章
取得時のリスク

1-1 事業性の見込みに関するリスクと対応策 …………………… 11

 1 現物投資と証券化投資 ……………………………………………… 12
 2 リスクと利回り ……………………………………………………… 15
 3 投資戦略とリスク …………………………………………………… 21
 4 資金調達 ……………………………………………………………… 23
 5 収支計画 ……………………………………………………………… 26
 6 金利変動リスク ……………………………………………………… 31
 7 会計・税務リスク …………………………………………………… 32
 8 開発物件のリスク …………………………………………………… 35
 ポイント整理 …………………………………………………………… 41

 コラム：アセットマネジャーとプロパティマネジャー ……………… 16
 コラム：収益の変化をわかりやすくとらえる感応度分析 …………… 33
 コラム：マスターリースとサブリース ………………………………… 38

1-2 欠陥・瑕疵に関するリスクと対応策 ………………………… 43

 1 不動産特有の物的リスクとエンジニアリング・レポート ……… 44
 2 環境リスク …………………………………………………………… 46
 3 耐震性のリスク ……………………………………………………… 63
 4 違法建築物のリスク ………………………………………………… 68
 ポイント整理 …………………………………………………………… 72

 コラム：デューデリジェンスとエンジニアリング・レポート ……… 46
 コラム：PMLで用いる50年に10%の発生確率とは ………………… 65
 コラム：ポートフォリオでリスク分散 ………………………………… 66
 コラム：既存不適格建築物と違法建築物 ……………………………… 71

1-3 関係者の権利義務や信用に関するリスクと対応策 …… 73

 1 第三者の権利 ……………………………… 74
 2 共有、区分所有 …………………………… 79
 3 借地権 ……………………………………… 86
 4 売り主の信用と責任 ……………………… 89
 5 信託受益権 ………………………………… 94
 ポイント整理 ………………………………… 99

 コラム：複雑な権利関係 …………………… 85
 コラム：制限能力者 ………………………… 91
 コラム：スーパーマーケットの証券化と真正売買 … 93

第2章
保有・運用時のリスク

2-1 不動産経営に関するリスクと対応策 …… 101

 1 収益変動リスク …………………………… 102
 2 価格変動リスク …………………………… 106
 3 金利変動リスク …………………………… 113
 4 税制改正リスク …………………………… 115
 ポイント整理 ………………………………… 120

 コラム：イールドギャップの推移 ………… 110
 コラム：不動産鑑定評価 …………………… 118

2-2 テナントに関するリスクと対応策 …… 121

 1 賃貸借契約上のリスク …………………… 122
 2 テナント構成上のリスク ………………… 125
 3 テナントによる違反工事 ………………… 132
 ポイント整理 ………………………………… 136

 コラム：テナント管理とプロパティマネジャー … 134

目次

2-3 ビル機能・周辺環境の変化に関するリスクと対応策 ……137

1 物理的減価のリスク ……139
2 機能的減価のリスク ……142
3 経済的減価のリスク ……148
4 ライフサイクル・コストからみたビルの維持管理 ……153
ポイント整理 ……159

コラム：オフィス床の供給量と2010年問題 ……147
コラム：コンバージョンのメリットと制約 ……152

2-4 事故・災害のリスクと対応策 ……161

1 事故・火災などのリスク ……162
2 地震リスク ……166
ポイント整理 ……182

第3章 売却時のリスク

3 売却時のリスクと対応策 ……183

1 流動性リスク ……184
2 売却時のリスクの実例 ……186
3 法改正のリスク ……192
ポイント整理 ……197

不動産投資リスク 主なチェックポイント ……198
主要参考文献 ……200
おわりに ……201
索引 ……202

第1章　取得時のリスク

事業性の見込みに関するリスクと対応策

1 現物投資と証券化投資	12
2 リスクと利回り	15
3 投資戦略とリスク	21
4 資金調達	23
5 収支計画	26
6 金利変動リスク	31
7 会計・税務リスク	32
8 開発物件のリスク	35
ポイント整理	41
コラム　アセットマネジャーとプロパティマネジャー	16
コラム　収益の変化をわかりやすくとらえる感応度分析	33
コラム　マスターリースとサブリース	38

1-1 事業性の見込みに関するリスクと対応策

1 現物投資と証券化投資

　不動産投資には、現物投資と証券化投資があります。現物投資とは、その名の通り不動産の現物（土地や建物）を購入し、自己の所有物として運用する投資方法のことです。従来は、不動産投資といえばこの方法しかありませんでした。今でも、個人で投資用マンションを取得する場合や、法人が自社の名義で収益用ビルを取得・開発する場合は、この方法によることとなります。

　これに対して証券化投資とは、投資用のストラクチャー（しくみ）を組んで**SPC**（Special Purpose Company、特別目的会社：不動産の証券化において限定された目的のために設立される便宜上の会社）を通じて不動産を購入し、自らは、SPCが不動産を取得するための資金を、エクイティ（資本）投資家として出資する方法のことです。1990年代後半に米国から持ち込まれ、2000年ごろから急速に広がった投資手法です（**図表1-1-1**）。

図表1-1-1●現物投資と証券化投資の相違点

	現物投資	証券化投資
特徴	・自己の名義で不動産を取得	・SPCの名義で不動産を取得して、SPCに対して出資する
メリット	・しくみがシンプル ・管理、運用は自己の裁量	・多様な資金調達（ノンリコースローン、社債など） ・オフバランスによる不動産投資が可能
デメリット	・融資を受けて購入した場合はバランスシートの負債などが増える	・組成コストがかかる ・管理、運用の裁量に制約あり

リスクを軽減できる証券化投資

現物投資の特徴は、しくみがシンプルということと、自己所有なので、管理・運用に関する自己の裁量と責任が大きく、管理方法の変更や売却を比較的、柔軟に行うことができるということです。ただし、法人が融資を受けて投資する場合、不動産に対応する資産や負債がバランスシートに計上されるため、財務上は資産効率が悪くなるという問題点がありました。

証券化投資の特徴は、SPCを介することにより、ノンリコースローン（24ページ参照）や社債をはじめとした多様な資金調達が可能となり、投資効率が良くなることです。法人においては、自己のバランスシートに計上する形で不動産を取得しなくても（計上する場合をオンバランス、計上しない場合をオフバランスと呼びます）、現物投資と同様の投資効果を享受できるというメリットもあります。元々、リスクのある不動産投資を円滑に行うために様々な工夫を組み込んで考え出された手法なので、ストラクチャーの組成を通してある程度のリスクを軽減できるしくみになっています。

一方で、証券化は複雑なストラクチャーを組成するためのコストがかかり、一定以上の規模の投資でないと、かえって投資の収益性が悪くなります。また、証券化では管理・運用・売却の方法を最初に決めてしまうことが多く、投資家の立場では自由に変更できないことがあります。ただし、これについては投資家自らがアセットマネジャー（AM：Asset Manager：SPCに成り代わって不動産の管理・運用・処分を行う権限を与えられている人）に就任することにより、管理・運用を行う方法があります。

以上のように、現物投資と証券化投資では同じ不動産投資といっても、投資手法や投資家の裁量などに大きな違いがあります（**図表1-1-2**）。しかし根本的には、両方とも不動産投資であることに変わりはなく、このためリスクに関する事項の大部分は共通です。

図表1-1-2●現物投資と証券化投資のしくみの違い

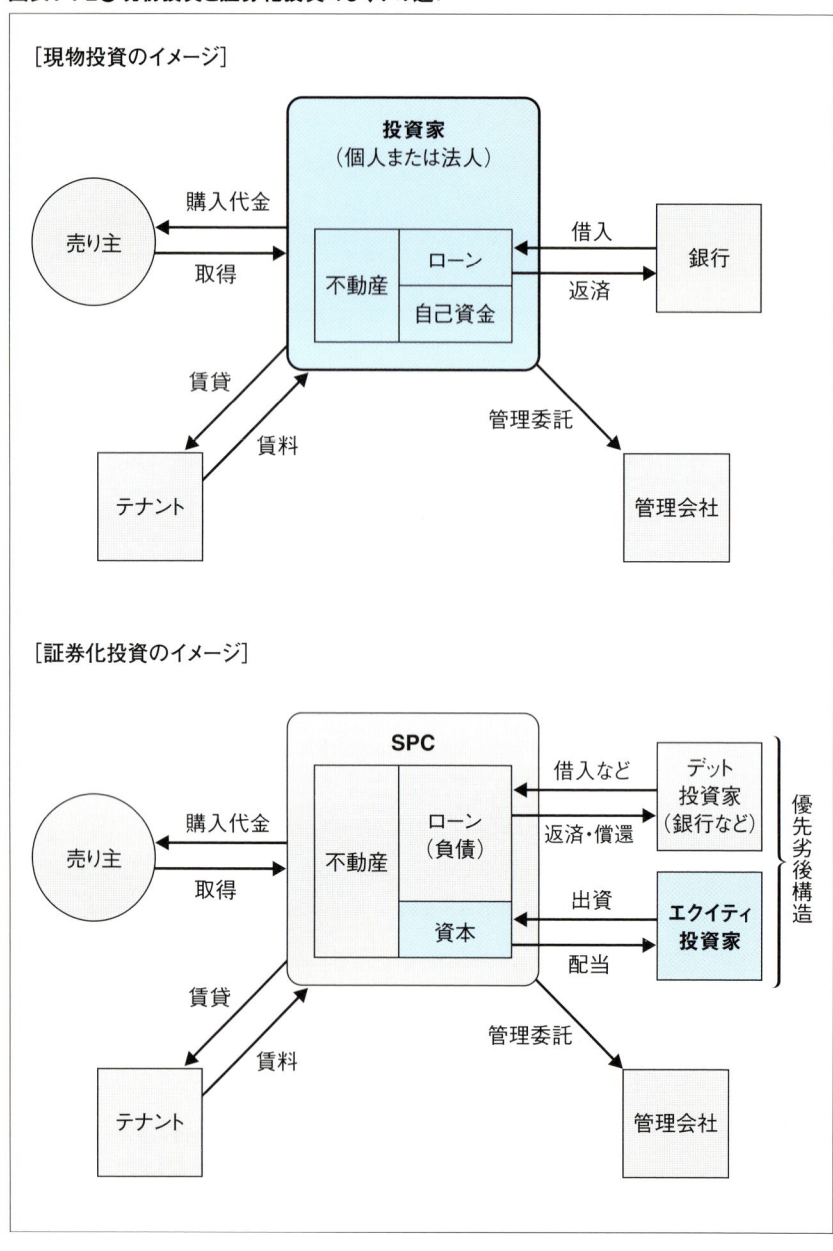

2 リスクと利回り

株式や債券の利回りが銘柄によって異なるように、不動産投資物件の利回りも物件によって異なります。106ページでも説明しますが、不動産の利回り（キャップレート）は次の関係式で示されます。

$$利回り（\%） = \frac{不動産の純収益（NOI）}{収益価格}$$

上の式の中で、純収益は賃料収入から管理費用などを引いて、手元に残った利益を指しています。いわば不動産の実力を反映したものです。不動産の買い主や投資家は「この物件ならこのくらいの利回りがほしい」といった期待（**期待利回り**）を抱き、純収益と期待利回りから購入価格（上の式での収益価格）を算定します。ところが取引価格は売り主との交渉によって決まりますから、予定より高い価格で決着することも少なくありません。こうして決まった取引価格で純収益を割れば、実際の利回り（**取引利回り**）が出てきます。

このようにして成立した無数の取引について、不動産鑑定業者や業界団体が情報を収集・整理していますので、一般的な不動産の利回りについておよその水準を知ることはできます。しかし、個々の不動産についての利回りは第三者によって与えられる固定的なものではなく、その物件に投資する投資家の期待や交渉結果を踏まえて形成されているということを理解してください。

基準となる物件を定めて比較検討

個別物件の利回りを考えるにあたっては、基準とするべき物件の利回りを決めて、それと比較することによって加減する方法がオーソドックスです。東京に活動の拠点を置く投資家であれば、「東京都心3区に立地する築年数5年以内、

延べ床面積1000坪程度のオフィスビル」といった物件を想定し、例えば利回り5％という基準を決めておきます。これと比較して、対象物件が地方物件であれば、「東京の物件は今後とも賃料や価格は安定的だろうが、地方は下がるかもしれない」「東京にいると地方の物件は管理しにくい」といった点からリスクが高いと判断するかもしれません。その場合は、リスク上昇分の対価として期待利回りを上げます。＋1％とすれば6％になります。同様に、建築後数十年も経っているようなビルだと、賃貸の競争力が急速に低下していく可能性があるので、これも利回りを上げる要素となります。

コラム

アセットマネジャーとプロパティマネジャー

　昔はビル経営といえば、それを専門とする不動産会社が、自らビルを保有して行うものでした。ビルの管理といえば、ビルメンテナンス（BM）会社と呼ばれる管理会社が不動産会社の指示に従って、清掃、保守・点検、修繕、警備などを行うことを指していました。

　最近では、不動産証券化が発達して所有と経営の分離が行われるなかで分業化が進み、アセットマネジャー（AM：Asset Manager）やプロパティマネジャー（PM：Property Manager）という新しい概念が米国から持ち込まれ、国内でも根付くことになりました。今や多数のAM、PM会社が生まれ、発展を続けています。

　AMは、投資家のために投資家の資金を不動産で運用する役割を担う会社や担当者のことです。投資戦略を練って不動産を取得し、運用後に売却して利益を還元することが主な任務で、このような仕事をアセットマネジメントといいます。従来型の不動産管理で、不動産会社が行っていた戦略策定に相当しますが、これを自社のためでなく報酬を取って投資家のために行うところが違います。

　PMは、投資家やAMの投資戦略に従って、個々の物件のキャッシュフローを最大限に高めることを担う会社や担当者のことです。テナント募集やテナント管理を行ったり、ビルメンテナンス会社に指示したり、修繕を立案・実行する役割があり、このような仕事をプロパティマネジメントといいます。従来型の不動産管理で、投資期間中の戦略を実行する部門に相当します。

　実際には、AMが実行まで関与したり、PMが戦略の企画立案を行うこともあるので、AMとPMの守備範囲は重なる部分があります。

　AM、PM、BMは、本書のこの後の記述にもよく出てきますので、それぞれの役割をしっかり覚えておいてください。

反対に、多くの人がビル名を知っているような都心の大規模ビルであれば、安定的な収益が期待できるので、リスクがもっと小さいと考えて利回りを低くすることが考えられます。格差を−0.5%とすれば、5%から0.5%を引いて4.5%です。

建物の用途がマンションや店舗などの場合は、オフィスビルに比べてどのくらい収益の確実性が劣るか（リスクが高いか）という観点で比較して、利回りを加減します。一般に、オフィスビルに比べてマンションや店舗はやや利回りが

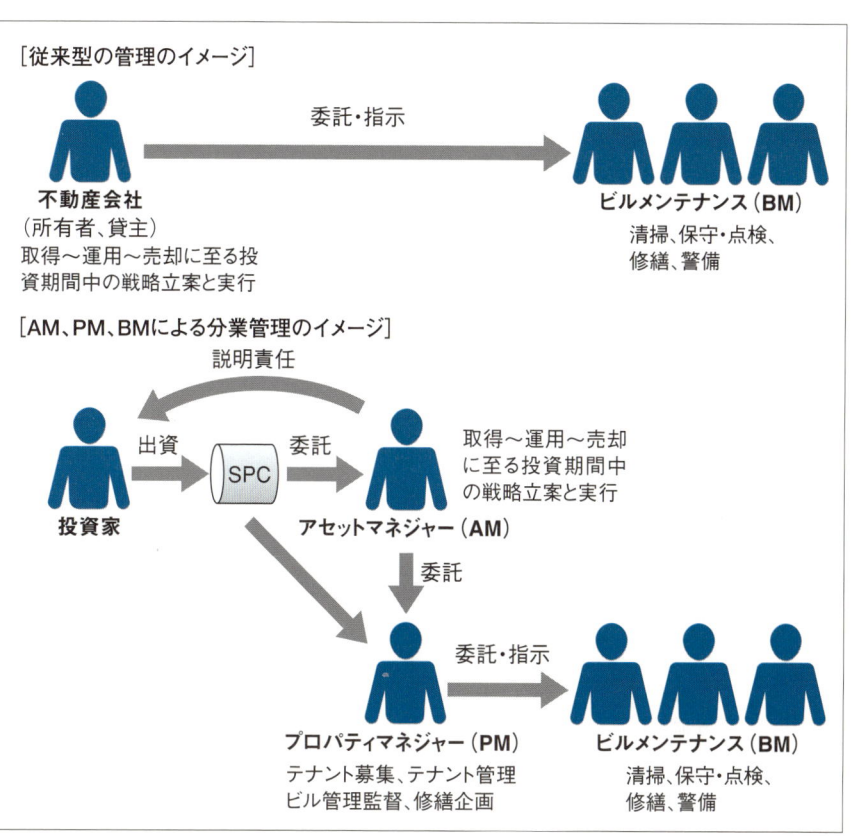

高く、続いて倉庫、ホテルといった順に利回りが高くなる傾向があります。このように説明すると、利回りはリスクの大きさの裏返しとして決まることがおわかりいただけるでしょう。**図表1-1-3**は、利回りの格差の考え方についてのイメージです。

　利回りの格差は、買い主や投資家のリスクのとらえ方によって異なります。例えば、一つのテナントだけに一括して長期契約で賃貸している物件は、長期契約であることを評価して利回りを下げる考え方（リスクが低いと評価）もあれ

図表1-1-3 ● 利回り算定のイメージ

[所在地]

	利回り	格差
東京都心3区※（基準）	5.0%	──
東京都新宿区、渋谷区	5.2%	＋0.2%
首都圏主要都市	6.0%	＋1.0%
大阪・京都・名古屋	5.5%	＋0.5%
上記以外の政令指定都市	6.0%	＋1.0%
その他の地方	7.0%	＋2.0%

※千代田区、中央区、港区

[用途]

	利回り	格差
Aクラスビル	4.5%	－0.5%
Bクラスビル（基準）	5.0%	──
マンション	5.5%	＋0.5%
商業ビル	5.5%	＋0.5%
ショッピングセンター	6.0%	＋1.0%
倉庫・配送センター	7.0%	＋2.0%
ホテル	7.0%	＋2.0%

[築年数]

	利回り	格差
0～5年（基準）	5.0%	──
5～10年	5.2%	＋0.2%
10～20年	5.5%	＋0.5%
20～新耐震	6.0%	＋1.0%
旧耐震	7.0%	＋2.0%

首都圏主要都市に立地する築15年のマンションの利回り

基準	5.0%	
首都圏主要都市	＋1.0%	
マンション	＋0.5%	
10～20年	＋0.5%	
その他	＋0.3%	駅から遠い
合計	7.3%	

ば、反対に、中途解約されると収入の落ち込みが激しいことを懸念して利回りを上げる考え方（リスクが高いと評価）もあります。不動産の証券化が始まったころは、投資家の多くは外資系や東京都内の法人でした。地方都市の物件には不慣れであることからリスクを大きくみる傾向がありましたが、地方の投資物件の情報が整備されてくるにつれ、リスク格差を小さく考えるように変化する傾向がみられます。

　利回りの水準や格差について、実際の目安や最新のトレンドを知りたいという場合には、（財）日本不動産研究所が定期的にインターネット上で公開している「不動産投資家調査」が参考になります。不動産投資家にアンケートを実施して調べた「期待利回り」と、同研究所が調査した「取引利回り」を、所在地別、用途別にまとめてあります。また、個別の物件について不動産鑑定評価を依頼すると、鑑定評価書に収益還元法による還元利回りの算定根拠が記されます。それを読むと、不動産鑑定士が利回りの格差をどのように判断しているかを知ることができます。

過熱時の格差縮小に注意

　利回りの格差は、売買取引が過熱して売り手市場であるときには、縮小する傾向があります。売り物件に複数の買い手が殺到する状態になると、買い主は、利回りが高くて相対的に割安な物件にも目を向けるようになるので、そのような物件の取引価格が大きく上昇します。低リスクの物件と高リスクの物件の価格や利回りの序列が逆転することはありませんが、その格差はギリギリまで詰まっていくのです。このようなときに不動産を取得しようとすると、「買えた」「買えない」という結果に目を奪われてしまい、利回りの格差に織り込まれたリスクの本質について軽視しがちになるので注意が必要です。

　売買取引が冷え込んで買い手市場になると、一転して利回りの格差は大きくなります。リスクの小さい低利回りの物件は優良物件として人気を維持するも

のの、そうでない物件は買い手がつくまでどんどん価格が下がる（利回りが上がる）ことになります。不動産の持つリスクが取引に与える影響は、市場の状態によって小さいときと大きいときがあります。不動産を取得する際には、この点について十分に理解しておくことが大切です。売却時の不動産の売りにくさは、第3章で改めて解説します。

リスクとポートフォリオ

　先ほど、利回りはリスクの大きさの裏返しとして決まってくること、従って、同じ不動産投資でも所在地や用途などで利回りが異なることを説明しました。これは、利回り重視で高利回り物件ばかり買い集めると、大きなリスクを背負い込むことを意味しています。逆に、リスクの小さい物件ばかりだと利回りが低くなるともいえます。複数の物件を取得する場合は、リスクの異なるものを組み合わせることが大切です。一定の目的や観点で組み合わされた物件のグループを**ポートフォリオ**と呼びます。

　ポートフォリオにする利点は、リスクの合計量を中庸化（ほどほどに）することです。分散させることで、ある特定の立地や用途の物件に収益の下落（**ダウンサイド**）が発生しても、ほかの物件では影響が小さかったり、運がよければほかの物件で収益の上昇（**アップサイド**）が発生して、全体における損失を緩和できる可能性があるのです。これを**分散効果**と呼びます。例えば、東京で大地震が起こり、多くのビルに損害が出たとしても、全国に分散して不動産を保有していれば、損失は一部で済みます（66ページのコラム「ポートフォリオでリスク分散」参照）。また、不景気になるとオフィスの賃料は下がりますが、マンションの家賃はオフィスよりは低下が緩やかです。

　不動産の投資にあたっては、特定の物件に狙いを定めてポートフォリオを組んで大きな利益をめざす方法もありますが、物件を分散させたバランス型のポートフォリオを組んでリスクを軽減するという方法もあります。日本は多様な

地理的気候的特性を持った広がりのある国土を有しており、産業が高度化しているので色々な事業に対応する不動産に投資するチャンスがあります。その意味では、バランス型のポートフォリオを組むのに向いている国だといえます。

3
投資戦略とリスク

不動産のリスクというと、耐震強度不足や違法建築など、取得する不動産に固有のものとしてイメージされることが多いようです。言い換えるならば、同じビルを買うのであれば、誰が取得してもリスクは同じだと思われがちです。確かに物件固有のリスクもありますが、同じ物件を買う場合でも投資する人の戦略によってリスクが異なってくるということを忘れてはなりません。ここでは投資戦略、すなわち事業性の見込みの立て方によって様々に変化するリスクについて考えてみます。

期間を定めてストーリーを描く

不動産投資を行うときには投資戦略を立てて、それに見合ったリスクを考えます。投資戦略を立てるとは、投資期間を定めて投資期間中のストーリーを描くことです。不動産取得時のことを、よく「入口」とか「Going In」と呼びます。不動産を取得することにより、これから、不動産投資という冒険の世界に入っていくイメージです。投資戦略を立てるには、まず取得する不動産の現状や収益性を正しく認識することから始めなくてはなりません（具体的な方法については26ページの収支計画で詳しく説明します）。

次に投資期間を定めます。プロの投資家は、投資期間満了時に売却することが多いようですが、もし、当分売却する予定がなかったとしても、ひとまとまりの投資期間を設定することは大切です。投資期間はローンなどの返済期限に合わせて設定することが、実務上多く採用されています。ローンの返済時期と

投資期間の終わりが同じであれば、その時点で物件を売却してローンの元本を返済することが可能です。また、投資戦略とローンの目的が一致するので、借り入れ時に銀行に説明しやすくなります。最近増えている不動産ファンドでは、投資期間を3年から5年くらいに設定することが多いようです。

　投資期間を決めたら、期間満了時のイメージを固めます。これは「出口」とか「エグジット（Exit）」、または「Going Out」と呼びます。この出口時点における、不動産をどのような状態にしたいのかを考えます。改装して取得時よりも立派になっているのか、または、そのまま古くなるのを容認するのか。稼働率や賃料は取得時から上がっているのか、現状維持か。そして、そういう状態での不動産の価格（バリュー）がどうなっているかを考えます。満足できるイメージが固まったら、それがゴールであり目標となります。ゴールに到達したら、物件を売却して、文字通り不動産投資の冒険の世界からエグジットすることが可能ですし、あるいは、次の目標を立てて投資を続けることも可能です。期間満了時に売却するか、それとも次に移行するかを想定することまで含めて「出口戦略」と呼んでいます。

　重要なのは、入口から出口までの投資期間中のプロセスです（**図表1-1-4**）。建物に改装工事を施すのならばいつの時点でどれくらいの規模の工事を行うのか。テナントが半分しか入居していないビルで、ゴール時に90％の稼働率を達成するならば、いつまでにどのようなリーシング活動（テナント募集）を行うのか。管理コストを削減するならば、管理会社との交渉をどう進めていくか。出口までに実行すべきことをアクションプランとして明確に組み立てていきます。

　こうして、入口、投資期間、出口の3要素を固めることにより、不動産投資のリスクを具体的に把握することができるようになるのです。ある宝物を求めて冒険旅行をするのだと想像してください。1年かけて海路で行くのならば、遭難や漂流のリスクがあるため、水や食料を多く準備してリスクを回避するで

図表1-1-4●投資戦略のイメージ

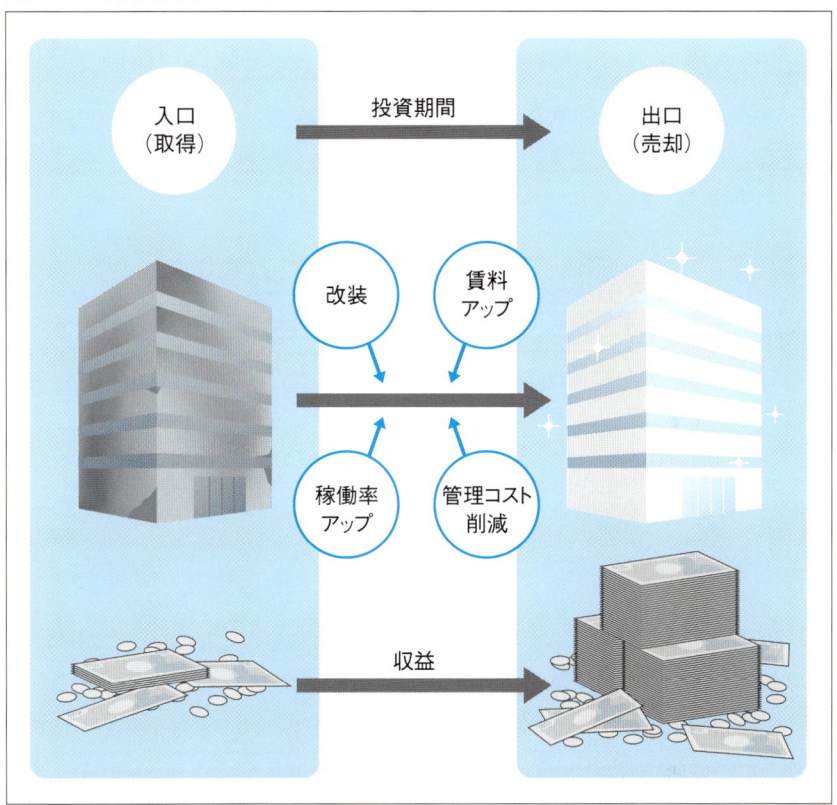

しょう。平原を突っ切って半年で行こうとするならば、装備は身軽にするものの、猛獣や敵襲の危険があるので、武装を考えるでしょう。不動産投資もこれと同じです。次からは投資戦略の違いにより、どのようなリスクがあるのかを考えていきましょう。

4 資金調達

　不動産を取得する際の一番の重大事は、資金調達です。手持ち資金だけで不

動産を購入する人もいますが、多くの場合は一部の自己資金のほかにローンによって資金調達します。最近のプロ投資家やファンドでは、SPCを購入主体にして、債務不履行時に保証や求償がほかに及ばない**ノンリコースローン**（返済原資を特定の不動産からのキャッシュフローに限定する融資）を調達する方法が主流です（**図表1-1-5**）。

そもそもローンが調達できないと、不動産を取得できません。これも、入口段階におけるリスクの一つといえます。ローン契約と不動産の売買契約は、原則として別個のものです。片方がキャンセルになったからといっても、もう片方はキャンセルできず、違約金や損害賠償の対象になることが少なくありません。実務では、弁護士にそれぞれの契約書を見てもらい、ローン契約と売買契約のどちらかが何らかの事情で解除された場合でも違約金などの負担が最小で済むように、この二つの契約を関連付けるなどの工夫をします。

一般的に、ローンを調達する理由として、自己資金が足りないことが挙げられます。しかしプロの投資家は、自己資金があってもあえてローンを調達します。例えば100億円の資金があったときに、100億円のAビルを1棟買うのではなく、Aビル（自己資金30億円＋ローン70億円）、Bビル（自己資金30億円＋ローン70億円）、Cビル（自己資金40億円＋ローン60億円）に分けて3棟購入することを考えます。わざわざ金利を払ってまで、なぜこのようなことをするのでしょうか。

ハイレバレッジでハイリスクハイリターンに

これは、**レバレッジ効果**による利回り向上を狙っているのです。レバレッジ効果とは、ローン金利が運用利回りよりも低いことを利用して、ローンを厚くすることによって少ない自己資金でハイリターンを狙う手法のことをいいます。このとき、ローンの部分を**デット**、投資家の自己資金のことを**エクイティ**と呼びます。**図表1-1-6**はレバレッジ効果のイメージです。「レバレッジなし」の欄を見て

図表1-1-5 ● ノンリコースローンのイメージ

従来型ローンは借り手の資産・信用に基づいて弁済を求めることができる（遡及可能）のに対して、ノンリコースローンは返済原資となる責任財産（担保）が限定されていて、借り手のリスクが限定できる

［従来型ローン］

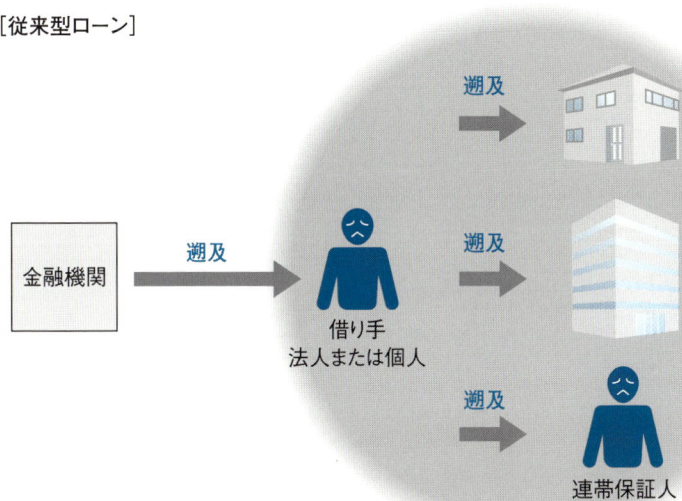

［ノンリコースローン］

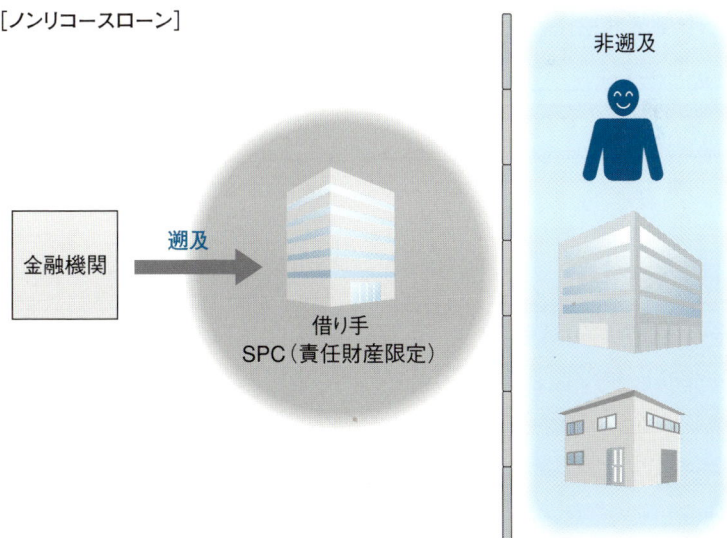

ください。価格が100億円、純収益が5億円の物件をすべて自己資金（エクイティ）で購入すると、5.0％の利回りしか得られません。これが、ローンを借りてレバレッジをきかせると7.3％の利回りが得られるのです。さらに、同じ元手で複数の物件が買えるので、分散投資という観点から、物件固有のリスクが回避できるという副次的な効果も得られます。

ただし、レバレッジとは梃子という意味であることからもわかるように、不動産からの収益がプラスになるときは利回りも上に加速しますが、不動産収益がマイナスに振れると利回りも一気に悪くなり、元手が毀損（元本割れ）してしまう確率も高くなります。つまり、レバレッジをきかせるということは、不動産の投資を、その実体よりハイリスクハイリターンに加工することを意味しており、**LTV**（Loan To Value：物件価格に対する借入金の占める割合）が高いほど、その振れ幅は大きくなります。

プロの投資家は、不動産の収益性を分析したうえで、投資戦略の一要素としてレバレッジの程度を決めます。通常の取引だと、LTV70％前後が多いようです。80％以上にするとハイレバレッジと呼ばれ、アグレッシブな投資戦略になってきます。

5
収支計画

不動産の投資戦略が固まったら、これに基づいて出口までの**キャッシュフロー(CF)表**を作成します（**図表1-1-7**）。最近は、不動産を賃貸することで得られるキャッシュフローと、ローンなどの条件によって変わってくる投資家（またはSPC）のキャッシュフローの、2段階に分けて構成するCF表が主流です。

第1段階として、不動産の賃貸などから生じる収入から、維持管理費用など

図表1-1-6●レバレッジ効果　　　　　　　　　　　　　　　　　　　　　　（単位：億円）

		レバレッジなし	レバレッジあり（LTV70％）
物件価格	①	100	100
ローン金額（デット）	②＝①×70％	0	70
投資金額（エクイティ）	③＝①－②	100	30
ローン金利	④	—	4.0％
支払い利息	⑤＝②×④	0	2.8
純収益（NOI）	⑥	5	5
利払い後の手取り金額	⑦＝⑥－⑤	5	2.2
投資金額に対する利回り	⑦÷③	5.0％	7.3％
NOIが±2億円変動すると	⑧	7⟷3	7⟷3
利払い後の手取り金額	⑨＝⑧－⑤	7⟷3	4.2⟷0.2
投資金額に対する利回り	⑨÷③	7.0％⟷3.0％	14.0％⟷0.7％

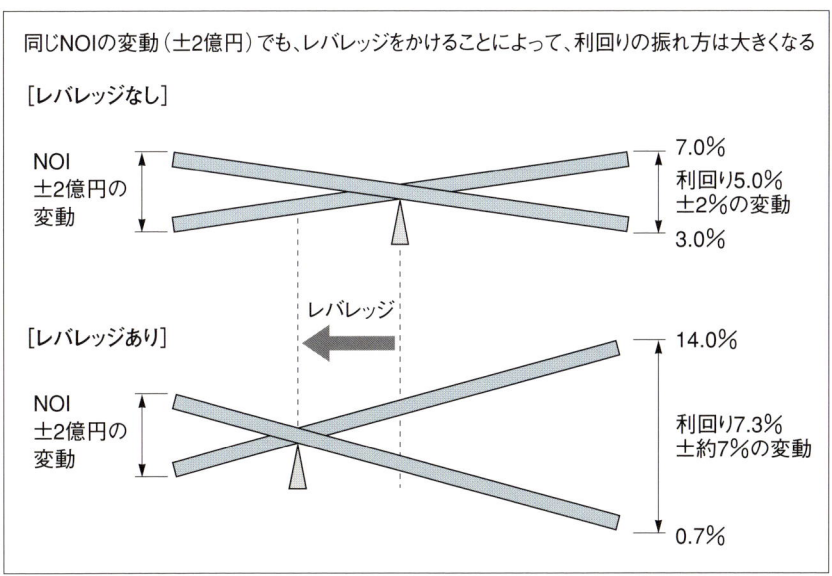

同じNOIの変動（±2億円）でも、レバレッジをかけることによって、利回りの振れ方は大きくなる

[レバレッジなし]
NOI ±2億円の変動
7.0％
利回り5.0％ ±2％の変動
3.0％

レバレッジ

[レバレッジあり]
NOI ±2億円の変動
14.0％
利回り7.3％ ±約7％の変動
0.7％

を控除した純収益（**NOI**=Net Operating Income）を求め、さらに資本的支出（CAPEX=Capital Expenditure：会計上資産計上する大規模修繕費などの支出）を控除した**NCF**（Net Cash Flow）を求めます。第2段階では、この物件が生み出したキャッシュフローから、ローン金利や事務経費（SPCに関係するもの）などを控除して投資家の手取り（投資家キャッシュフロー）を求めます。

賃料やコストの妥当性の検討

　物件からのキャッシュフローの部分では、合理性のある賃貸収入や管理経費の推移が正しく反映されているか十分にチェックする必要があります。それにはまず、入口（取得時）における正しい現状把握が必要です。「自分は保守的な立場を取り、将来の賃料上昇は見込まない。取得時の賃料水準のままで推移する設定にしよう」という姿勢は一見、立派な心がけですが、それだけで安心してはいけません。取得時にテナントが払っている賃料は、マーケット水準に比べて妥当でしょうか。たまたま高すぎる賃料を払っているテナントがいたとすると、契約更新時に引き下げを要求されるかもしれませんし、退去されたら次のテナントの賃料は低くなります。実際、テナントの入れ替わりによってNOIが大幅に減少し、物件の評価額も大きく落ち込んで売却に至ったオフィスビルの事例も出てきています。

　管理コストも、取得時に安かろう悪かろうの管理体制だと、もっとコストをかけてでも、きちんと管理しなければならなくなるかもしれません。稼働中の不動産は、賃料が高すぎたり、コストが安すぎたり、収益の中身がマーケット水準と乖離（かいり）している場合が少なくないのです。このようなリスクを避けるためには、取得する不動産の現状とマーケット水準の比較を十分に行います。乖離している場合は、「将来はマーケット水準に近づいていく」と考えた方が妥当です。

長い投資期間と短い投資期間

　次に、投資期間中のキャッシュフローが自分の描いたストーリー、すなわち

図表1-1-7●キャッシュフロー表

[第1段階]　　　　　　　　　　　　　　　　　　　　　　　　　　　　（単位：千円）

		取得時	1年目	2年目	3年目	4年目	5年目	
	満室時賃料収入		100,000	100,000	105,000	105,000	110,000	← 賃料水準の向上を想定
	その他収入		5,000	5,000	5,250	5,250	5,500	
	空室損失		△10,000	△10,000	△10,500	△10,500	△11,000	
収入ⓐ			95,000	95,000	99,750	99,750	104,500	
	維持管理費		7,000	7,000	7,000	7,000	7,000	
	水道光熱費		5,000	5,000	5,000	5,000	5,000	
	PM・AMフィー		3,000	3,000	3,000	3,000	3,000	
	固定資産税		7,000	7,000	7,000	7,000	7,000	
	火災保険料		500	500	500	500	500	
支出ⓑ			22,500	22,500	22,500	22,500	22,500	
純収益(NOI)ⓒ＝ⓐ－ⓑ			72,500	72,500	77,250	77,250	82,000	
資本的支出(CAPEX)ⓓ			5,000	5,000	5,000	5,000	5,000	
ネット・キャッシュフロー(NCF) ⓔ＝ⓒ－ⓓ			67,500	67,500	72,250	72,250	77,000	

[第2段階]

		取得時	1年目	2年目	3年目	4年目	5年目	
	不動産(取得・売却)	△1,000,000					1,150,000	← 純収益が向上しているので、購入時より高く売却できると想定
	取得・売却費用	△50,000					△34,500	
	借り入れ(ローン元本)	700,000					△700,000	
	金利支払い	0	△14,000	△14,000	△14,000	△14,000	△14,000	
	事務経費	0	△1,000	△1,000	△1,000	△1,000	△1,000	
物件外キャッシュフローⓕ		△350,000	△15,000	△15,000	△15,000	△15,000	400,500	
投資家(SPC)キャッシュフロー ⓖ＝ⓔ＋ⓕ		△350,000	52,500	52,500	57,250	57,250	477,500	347,000

　　　　　　　　　　　　　　　↑　　　　　　　　　　　　　　　　　　　　　↑
　　　　　　　　　　　　　　投資額①　　　　　　配当金②　　　　　　　　　利益
　　　　　　　　　　　　　　　　　　　　　　　　　　　　　　　　　　　　　③＝①＋②

収益性の指標

キャッシュ・オン・キャッシュ ((③÷投資期間(5年))÷(－①))	20%
IRR(内部収益率) 何パーセントの複利運用に相当するかという指標	18%
マルチプル(multiple) ②÷(－①) 元本に対して配当金合計が何倍かを表す	1.99

投資戦略に合っているかどうかをチェックします。2年かけて稼働率を50%から90%に引き上げるのであれば、賃料収入もだんだんと上がっていきますが、その期間はテナント仲介会社に払う手数料もかさむことになります。3年目にリニューアルを行うのであれば、そのお金を蓄えなければなりません。改装の華やかさばかりに目が行きがちですが、ほかに必要な工事がないかのチェックも必要です。建物に関する**エンジニアリング・レポート**(建物の物理的状況について取りまとめた調査報告書。44ページ参照)を専門家に作成してもらうと、かなり正確な予想ができるはずです。

どんなに精緻な収支計画を策定しても、不動産投資では賃料やコストの想定外の変動が避けられません。収支が悪化したときに、最低でもローン金利の支払いができるキャッシュフローが残るよう、資金繰りには余裕を持たせることが必要です。

なお、投資期間が長くなればなるほど、賃料変動などによる想定と実際とのぶれは大きくなってきます。賃料が上昇基調にあるとき、2年後であればその傾向が持続して、収入は増えているという考えにも説得力があります。こういうときは、「**アップサイド**が狙える」と言うことがあります。しかし、5年後を考えると、その傾向のまま賃料が上がっているかもしれませんし、反対に天井をついて下落しているかもしれません。下がる危険性が考えられるときは、「**ダウンサイドリスク**がある」などと言ったりします。

このような将来のキャッシュフローの変動に基づくリスクは、投資期間を短く設定することで、限定することができます。極端に言えば、1年間だけ持って売却するというのも合理的な投資戦略の一つです。1年であれば、少なくとも賃料や管理費といった物件のキャッシュフローはそれほど大きく変化しないでしょう。ただし、リスクを限定するということはリターンも限定するということです。取得時と処分時には様々なコストもかかりますし、短期間では不動

産投資の本来の特徴である、安定的なインカムゲイン（賃貸収入による利益）を享受できるような投資にはなりません。

6
金利変動リスク

　A氏はXビル取得に際し、変動金利のローンで90％、自己資金で残り10％を賄いました。当初は不動産運用から生まれるNOI利回りが4％、ローン金利が2％と低かったので、レバレッジのきいた高いリターンを実現することができました。しかし経済市況の回復が予想以上に早く進んだため、ローン金利が上昇し始め、ついには不動産運用から生まれるNOI利回りを上回る5％になってしまいました。これによって当初の投資戦略は頓挫。結局、不動産運用から生まれる収益だけでは、利払いができなくなり、Xビルを売却せざるを得なくなってしまいました（**図表1-1-8**）。

　ローンの金利は、一般に**長期**では高くなり、**短期**では低くなります。従って、投資期間の設定によって金利負担が違ってきます。また、金利には**変動**と**固定**があって、非常に金利が低い金融環境では、変動金利は固定金利より低くなっています。このような状況下では、これ以上、金利が下がる余地はないため、将来的には金利が上昇していくと考えるのが妥当です。先になればなるほど、つまり投資期間が長いほど、金利上昇の程度は大きくなると考えられますが、いつどの程度まで上昇するかは、誰も正確な予想ができません。

　なお、金利が上昇していけば利払い負担が増え、賃料収入に変化がなければ収益性を悪化させますが、その影響はLTVが高ければ高いほど大きくなります。さらには運用環境が悪化し、デフォルトリスク（返済不能リスク）が増加してきたと判断されれば、金融機関から金利の上積みを要求され、ますます運用が苦しくなることも予想されます。

図表1-1-8●ローン金利が2%から5%に上昇したときのエクイティ利回りの変化

		ローン金利2%	ローン金利5%
物件価格	①	100億円	100億円
ローン金額（LTV＝90%）	②＝①×90%	90億円	90億円
投資金額	③＝①－②	10億円	10億円
ローン金利	④	2%	5%
支払い利息	⑤＝②×④	1.8億円	4.5億円
NOI利回り	⑥	4%	4%
純収益（NOI）	⑦＝①×⑥	4億円	4億円
利払い後の手取り金額	⑧＝⑦－⑤	2.2億円	－0.5億円
エクイティ利回り	⑧÷③	22.0%	－5.0%

27ポイントダウン

　以上のように、金利負担が増えて不動産からの収益を圧迫する、いわゆる**金利上昇リスク**が脅威の一つとなってきます。これを回避する方法として固定金利によるローンがあります。しかし、先に述べたように、固定金利は変動金利より高いため、その分、投資の収益性は最初から悪くなります。

7
会計・税務リスク

　最近では、キャッシュフローに基づく現金会計で不動産投資が語られることが多いようです。個人であれ法人であれ、不動産から収益を得れば課税所得となりますし、法人であれば企業として適切な会計処理を行わなければなりません。不動産投資に際しては、企業会計や税務会計に関して、いくつか気をつけなければならない点があります。

コラム

収益の変化をわかりやすくとらえる感応度分析

　金利およびほかの要素を二つ取り出して、それらが変化したときに、収益性がどのように変化するのか調べる方法として感応度分析（Sensitivity Analysis）があります。表で対応できるようになっているので、投資戦略を立てる際の様々な要素の影響を考えるにあたって、直感的にわかりやすいという利点があります。

　実務では、Excelで作成したキャッシュフロー表に、数字を複数回代入して表を作成します。

　下表では、縦列にLTV（物件価格に対する借入金の占める割合）、横列に金利を取ってLTV70％、金利200bps[*1]を基準とすると、予想IRR（内部収益率）[*2]は12.38％です。例えば、もし金利260bpsでしかローンが調達できないとすると、右方向に6マスずれてIRRは11.25％に低下します。このとき、LTVを75％に上げれば、下方向に1マスずれてIRRを12.38％まで戻すことができます。

　感応度分析には、賃料の変化率とキャップレートを調べるものやIRR以外の収益指標、売買価格を求めるものなど、使い道によって様々な組み合わせがあります。

[*1]：bpsは「ベーシスポイント」といい、金利1％のことを100bpsと表すことがあります。
[*2]：IRRは収益指標の一つで、運用期間中の収益が、何パーセントの複利運用に相当するかを表すものです。

感応度分析の例
IRR

		金利								
		180bps	190bps	200bps	210bps	220bps	230bps	240bps	250bps	260bps
LTV	50.0%	9.21%	9.11%	9.02%	8.93%	8.83%	8.74%	8.65%	8.56%	8.47%
	55.0%	9.86%	9.75%	9.64%	9.53%	9.42%	9.31%	9.20%	9.09%	8.98%
	60.0%	10.64%	10.50%	10.37%	10.24%	10.11%	9.98%	9.85%	9.72%	9.59%
	65.0%	11.61%	11.45%	11.29%	11.13%	10.97%	10.82%	10.66%	10.51%	10.35%
	70.0%	12.76%	12.57%	12.38%	12.19%	12.00%	11.81%	11.63%	11.44%	11.25%
	75.0%	14.22%	13.98%	13.75%	13.52%	13.29%	13.06%	12.84%	12.61%	12.38%
	80.0%	16.10%	15.81%	15.53%	15.24%	14.96%	14.68%	14.40%	14.12%	13.84%
	85.0%	18.63%	18.27%	17.91%	17.55%	17.20%	16.84%	16.49%	16.13%	15.78%

企業会計では昔から、決算と資金繰りのミスマッチを指して「勘定合って銭足らず」などといわれますが、不動産投資にあたっては、この逆のことが起こりがちです。現在、主流のキャッシュフロー分析では、企業会計の損益計算上、費用となる減価償却費や取得時のコストの繰り延べ償却などが考慮されません。従って、キャッシュフロー上は毎年安定した黒字なのに、損益計算上は不動産を処分するまで赤字続きということもありうるのです。会社としてせっかく良い不動産を購入したと思ったのに、年度末に経理部から文句を言われたのでは報われません。法人の場合は、物件の取得時に、その後のキャッシュフローが会計上（特に損益計算上）どのような取り扱いになるか、確認しておくことが必要です。

　税務では、課税対象について特に注意をしなければなりません。最近では、SPCを用いた複雑な投資ストラクチャーが用いられることが多くなってきてい

図表1-1-9●導管体のイメージ

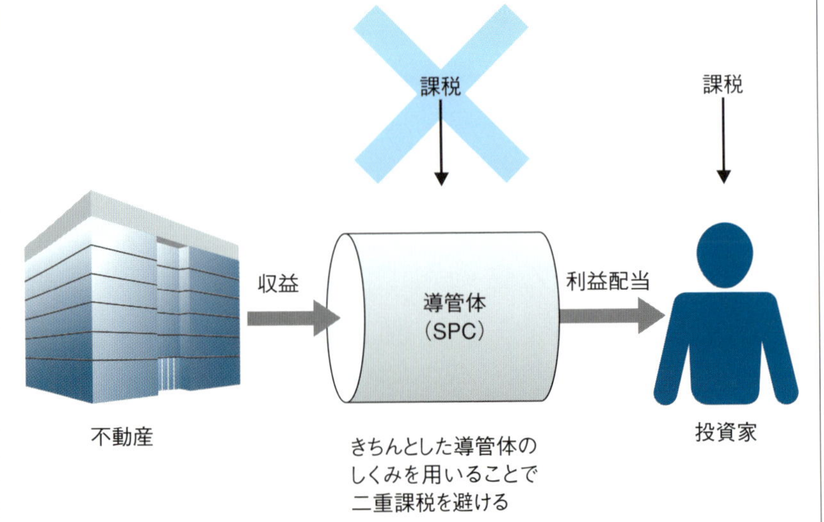

ます（**図表1-1-9**）。その際に、SPCが税務上きちんとした導管体（課税主体とならない単なる「器」としての機能）として認められないと、SPCで課税され、さらに投資家が受け取る利益分配も課税対象となり、二重に課税されるリスクがあります。プロが組成するストラクチャーでは、二重課税の回避を確実にするために、税理士の確認を取って慎重に進めます。しかし、税法は頻繁に改正され、かつ複雑になる傾向にあります。投資を実行する際には、どのような税制が適用されるのか、専門家に相談しながら常に最新の情報を得ておく必要があります。

8 開発物件のリスク

　不動産投資の対象は、完成したビルだけでなく建築中で未完成のものや、これから建築しようとしているビルにまで広がっています。その理由として、①競争相手が増えて投資適格な完成物件が少なくなる、②リスクの高い段階で投資することでより多くのリターンを得る──があります。こうした理由から、開発段階の物件に投資するケースが多くなっているのです。ここでは開発段階の物件のリスクと対応策について考えてみましょう。

　一般に開発段階の物件は、完成して収入も確定している物件と比べると、計画されている建物が本当に予定通り完成するのか、できた建物に想定通りにテナントが入るのかなど、先行きが見通せないリスクを負っています。さらに、開発段階の物件への投資リスクは、その開発の進行段階によっても異なってきます。稼働中の物件と比べると、開発の初期段階ほど多様なリスクがあり、リスクそのものも大きいのです（**図表1-1-10**）。

計画の変更につながる近隣リスク
　初期段階特有のリスクとして、開発許可や建築確認が取得できない許認可リ

図表1-1-10●開発段階のリスク

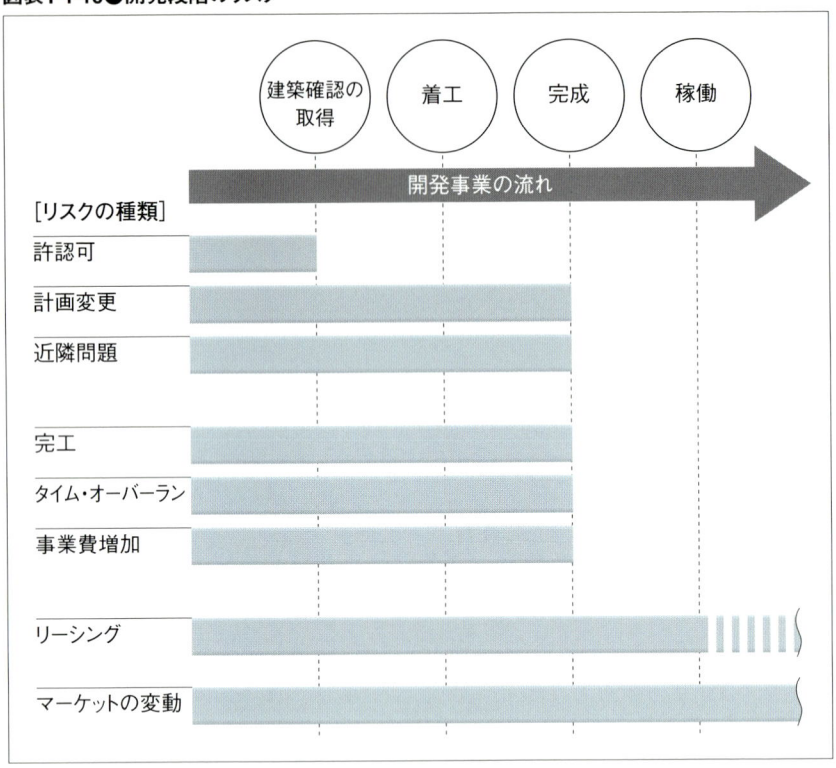

| 開発事業の流れ → 建築確認の取得 / 着工 / 完成 / 稼働 |

[リスクの種類]
- 許認可
- 計画変更
- 近隣問題
- 完工
- タイム・オーバーラン
- 事業費増加
- リーシング
- マーケットの変動

スクがあります。計画について近隣住民の理解が得られず、計画の縮小や時期の遅延、中止となる近隣問題リスクにも注意が必要です。東京都国立市の高さ約44mのマンションを巡って、地元住民が景観破壊などを理由に建物の撤去などを求めていた訴訟では、一審で建物の一部の撤去を命じる判決が下されました。結局、この事件は二審で判決が覆り、最高裁でも住民側の訴えが棄却されるという結果になりましたが、開発では当初の計画の変更を余儀なくされ、投資額が大幅に増える計画変更リスクを常に抱えています。

　これらはキャッシュフローの見込みが変わるという程度のものでなく、事業自体ができるかどうかわからない大きな問題です。不動産投資のリスクというより、従

来からデベロッパーが負担してきた開発事業のリスクそのものといえます。

　建築確認を取得した後に顕在化してくるのは、工事に関するリスクです。施工会社の倒産、事故、自然災害、土壌汚染、地下埋設物などが計画を狂わせます。建物が予定通りに完成しない**完工リスク**、完成時期が遅れる**タイム・オーバーラン・リスク**、設計変更や建築資材高騰などの**事業費増加リスク**などがあります。工事の遅れは賃貸開始時期の遅れを招き、リーシングやキャッシュフローに影響を与えます。

　完工リスクについては、信用力の高いゼネコンやデベロッパーをバックアップ事業者として、工事の引き継ぎや金銭的な補償をさせる**完工保証**を契約時に付与する方法があります。タイム・オーバーラン・リスクや事業費増加については、契約書に施工会社の責任を明確に定め、追及できるようにしておくことが重要です。工事段階では、ほかにも施工ミスや手抜き、工事に対する近隣からのクレームなど、様々な問題が想定されます。発注者には、それらを予測して問題が顕在化しないように備える手腕が求められます。

テナントの見通し

　建物完成後、まだテナントが決まっていない段階の物件は、稼働中物件と比べて見込み通りの収入を上げることができない**リーシングリスク**を負っています。オフィス需要が旺盛で需給が逼迫している時期に完成した新築ビルは、拡張移転を考える企業からの引き合いが多く、竣工前にキーテナントが決まってしまうことが少なくありません。しかし、需要が乏しい時期は、竣工後、リーシングに半年から1年以上かかることがあります。テナント候補は、でき上がった物件を見てからでないと、なかなか入居を決断できないからです。

　リーシングが見込み通りに進まないと、キャッシュフローに狂いが生じてきます。住宅の場合は、固定賃料を引き受けてくれる会社に**マスターリース**（一棟

> コラム

マスターリースとサブリース

　転貸することを前提に、ビルオーナーから不動産の一棟全体を賃借することをマスターリースといいます。従来からあったマスターリースは、専門の会社がマスターリースすることによって所有者（賃貸人）に固定賃料を保証する一方で、それより高い賃料で入居者に転貸（サブリース）して利益を得ることをめざす形態でした。サブリースするためにマスターリースするので、このような事業を指して「サブリース事業」と呼んでいます。

　ビルオーナーからマスターリースを受けてエンドテナントにサブリースする立場の者を、マスターレッシー兼サブレッサー（賃借人兼転貸人）と呼びます。

　最近ではプロパティマネジャー（PM）が、賃料収受業務を一本化するために管理会社兼マスターレッシーとなったり、証券化投資のストラクチャーを組成するにあたっての必要性から、マスターレッシーを設定するケースが出てきています。転借人から受け取った賃料をそのまま賃貸人に渡す**パススルー**という方法があります。

　マスターリースの関係者は、立場によって複数の呼び方がありますので、以下に整理しておきます。

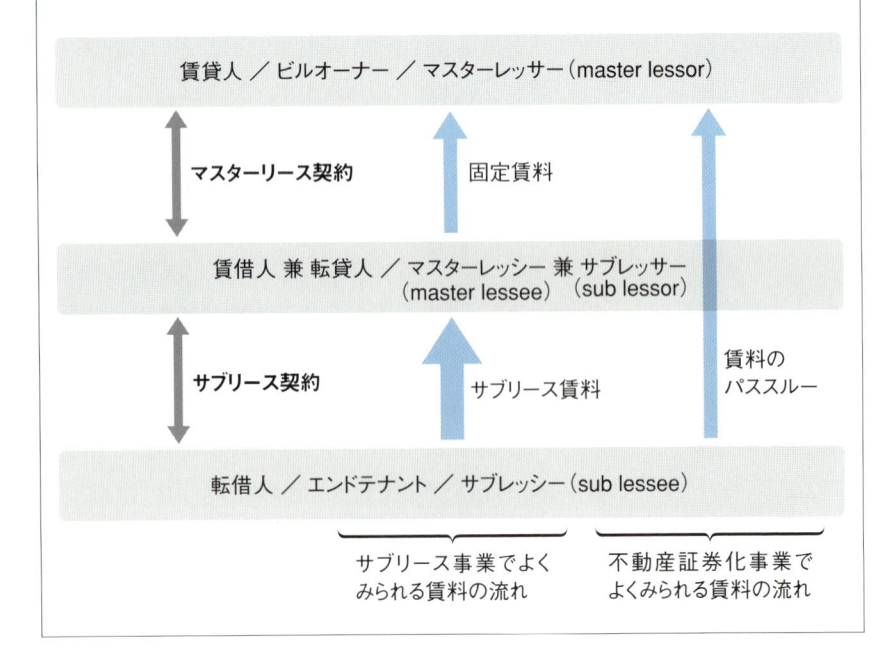

```
賃貸人 ／ ビルオーナー ／ マスターレッサー（master lessor）
    ↕                    ↑              ↑
 マスターリース契約    固定賃料
                                        │
賃借人 兼 転貸人 ／ マスターレッシー 兼 サブレッサー
                  （master lessee）  （sub lessor）
    ↕                    ↑              │ 賃料の
 サブリース契約      サブリース賃料      パススルー
                                        │
転借人 ／ エンドテナント ／ サブレッシー（sub lessee）
```

サブリース事業でよくみられる賃料の流れ　　不動産証券化事業でよくみられる賃料の流れ

借りしたうえで個別の入居者に転貸するしくみ、38ページのコラム参照)業務を受託してもらったり、開発のパートナーから一定期間および一定条件の下で賃料保証を受けたりして、リスクを回避する方法があります。住宅は、収入が比較的安定していて見通しが立てやすい特性があるので、固定賃料や賃料保証の引き受け手が多いのです。

しかしオフィスビルや店舗は収入の振れ幅が大きいので、住宅ほど固定賃料型のマスターリースの引き受け手はいません。このようなオフィスビルのリーシングリスクを小さくするための試みとして、**オプション取引**（あるものについて将来ある時点で決められた価格で売買するかどうか選択できる権利を取引すること）という手法があります。

J-REIT（不動産投資信託）の一つである日本ビルファンド投資法人は2003年9月、東京都港区白金で建設中のオフィスビル「NBFプラチナタワー」を取得することを決めました。このビルは2005年11月に完成予定だったので、契約時点では2年後の引き渡し時に賃貸マーケットがどのようになっているか不確実でした。そこで契約時での売買価格を276億円に抑え、完成時のリーシング状況に応じて売買価格を引き上げることができる条件（具体的には売り主側が310億円まで引き上げることができるというオプション）を設定しました。結果として完成時に満室稼働し、売買価格は上限いっぱいの310億円で取引されることとなりました。完成前のビルを取引する際、買い主のリスクを減らす手法として注目されました。

投資のタイミング

開発物件のリスクは、その進行段階によっても大きく変化します。投資家X社は、デベロッパーD社がこれから開発を始める物件への共同出資を持ちかけられました。しかし検討を進めていくと、当初の計画が変更されて完成時期や投資額も予定から大幅にずれるなど、これまでの投資尺度では予測することが

できない問題点が浮上してきました。このためX社は、この段階での投資は断念することとし、その旨をD社に伝えました。1年後、今度は証券会社から、まだ完成前ではあるが開発許可が下り、投資額や完成時期もほぼ確定した同じ物件に対する投資の誘いがありました。当初よりリスクが減った分、利益も減りましたが、X社はその時点で投資することにしました。

　開発段階の物件に投資をする場合は、まず、どの段階のリスクまで取れるかといった視点をもって投資戦略を立てることが重要です。ハイリスクだがハイリターンを狙い、開発の初期段階から投資するか、ローリターンだが投資額のぶれるリスクを避けて開発の最終段階で投資するかを判断します。収入の見込み違いのリスクを回避するなら、テナント入居のめどがたつ時期まで投資しないといった選択肢もあります。

　開発段階の物件への投資は証券化のしくみを活用した「**開発型証券化**」という形で多く行われています。投資家のスタンスは、多くの開発リスクを取るデベロッパーのようなタイプから、より安全性を重視するタイプまで様々です。実際の「開発型証券化」においても、完成前と完成後では、投資スタンスの違う投資家が入れ替わるケースが多くなっています。

ポイント整理

事業性の見込みに関するリスクと対応策

1. 不動産投資を行う際は、取得、保有期間、出口までの一貫した投資戦略を立てることが重要です。投資戦略によってリスクの内容と程度が変わることがあります。

2. 最近は、ノンリコースローンを借りて資金調達することが主流です。ノンリコースローンでは、LTV（借入比率）によってリターンとリスクの幅を調節することができます。

3. ローンは借入期間、変動・固定の選択によって金利が異なります。低金利が長く続いた後は、金利が上昇することによる収益性の圧迫が予想されます。金利上昇リスクを回避するためには、固定金利で資金調達をするという方法があります。

4. 不動産投資においては、キャッシュフロー分析が中心です。ただし、企業会計や税務上の取り扱いが異なる場合があるので注意することが必要です。

5. 開発段階の物件への投資では、開発の初期段階ほど、リスクの種類が多いのが通常です。開発初期段階のハイリスクハイリターンを狙うか、終盤のローリスクローリターンまで待つか、どのリスクまで取ることができるかを判断することが大切です。

1-2

第1章　取得時のリスク

欠陥・瑕疵に関するリスクと対応策

1 不動産特有の物的リスクとエンジニアリング・レポート ····· 44
2 環境リスク ·· 46
3 耐震性のリスク ··· 63
4 違法建築物のリスク ·· 68

ポイント整理 ·· 72

コラム デューデリジェンスとエンジニアリング・レポート ······ 46
コラム PMLで用いる50年に10%の発生確率とは ··················· 65
コラム ポートフォリオでリスク分散 ······························· 66
コラム 既存不適格建築物と違法建築物 ····························· 71

1-2 欠陥・瑕疵に関するリスクと対応策

1 不動産特有の物的リスクとエンジニアリング・レポート

　不動産がほかの投資資産と決定的に違うのは、その資産に物的な瑕疵（欠陥）が潜んでいるかもしれず、場合によっては入居者や利用者の生命をも脅かすおそれがあるということです。例えば、国や地方公共団体、法人などが発行する債券を購入した場合に、その債券証書に瑕疵があって私たちの生命が脅されるようなことは通常、考えられません。

　これに対して不動産は、特に法律上問題なく、むしろ積極的に使用されていたアスベストが健康上の問題から突如禁止されたり、購入した物件が法律上の耐震基準を満たしていなかったりと、一目見ただけではわからないような重大な瑕疵が潜んでいる可能性があります。ここでは、不動産特有の物的リスクとして、環境リスク、建物の耐震性リスク、違法建築物にかかわるリスクを取り上げて解説していきます。

　不動産投資を行う場合、不動産特有の物理的なリスクを適正に評価するための調査を、専門機関に依頼して行うことが定着しつつあります。特に不動産の証券化においては、エンジニアリング・レポートと呼ばれる調査報告書を必ず作成します。エンジニアリング・レポートでは、対象物件の環境調査と物的調査に基づいて、土壌汚染や有害物質などの環境リスク、建物・設備の機能や劣化状況、遵法性（建築基準関係法令に違反していないこと）、耐震性の評価など、対象物件に関して将来予想されるリスクが明らかにされます（**図表1-2-1**）。

　不動産の物的リスクへの対応として、まずエンジニアリング・レポートを作成することをお勧めします。エンジニアリング・レポートはゼネコン、設計事

図表1-2-1●エンジニアリング・レポートの一般的な構成

項目	内容
建物診断	管理状況、建物の仕上げ・構造、設備の劣化状況の評価
遵法性調査	建築基準関係規定への適合性の評価
修繕・更新費用の算出	緊急または短期の修繕・更新費用および中長期の修繕・更新費用の算出
再調達価格の算定	調査時点の建物の調達価格(建築費)の算定
環境リスク調査	建物の有害物(アスベスト、PCBなど)、敷地環境のリスク評価
地震リスク診断	建物の耐震性能の評価、地域地震特性、地盤の液状化、PML

資料:「不動産投資・取引におけるデュー・ディリジェンスとエンジニアリング・レポート―エンジニアリング・レポート作成の考え方―(改訂版)」(建築・設備維持保全推進協会・日本ビルヂング協会連合会、2004年)を基に三菱UFJ信託銀行が作成

務所、建設エンジニアリング会社、建設コンサルタント会社、PM(プロパティマネジメント)会社などに依頼すると作成してくれます。ただ、わが国での歴史が浅いこともあり、各機関によるレポートの内容、質などに差があることは否めません。

レポート作成についての標準的なルールはまだありませんが、実用書としては(社)建築・設備維持保全推進協会(BELCA)と(社)日本ビルヂング協会連合会が共同で刊行した「不動産投資・取引におけるエンジニアリング・レポート作成に係るガイドライン」(2001年)と「不動産投資・取引におけるデュー・ディリジェンスとエンジニアリング・レポート―エンジニアリング・レポート作成の考え方―(改訂版)」(2004年)があります。

後者によると、レポート作成業務の費用は、おおむね150万〜200万円程度(延床面積5000m^{2}程度、築15年の標準オフィス)が見込まれます。

2 環境リスク

　重金属や有機化合物に汚染された土地や、アスベストが使われている建物などは、人の健康に影響を及ぼすおそれがあり、近年になって身近な環境問題としてクローズアップされてきました。そして、これらの物質の使用や取り扱い

> **コラム**
>
> **デューデリジェンスとエンジニアリング・レポート**
>
> 　不動産投資を行う場合、対象不動産から得られるキャッシュフローと将来の売却価格の予測を基に価格を査定します。そのためにはこれらに影響を与える可能性のある諸項目について、詳細かつ多角的な調査を行う必要があります。この調査のことをデューデリジェンス（Due Diligence）と呼びます。
>
> 　この言葉は、アメリカで証券発行時に目論見書が法律上の開示基準に合致しているか否かを弁護士が確認する作業に由来しており、不動産取引のほか、M&A（企業の合併・買収）やプロジェクト・ファイナンスの分野の調査にも使われています。
>
> 　日本の不動産市場では、海外投資家の参入を契機にデューデリジェンスを実施するようになりました。不動産取引形態、権利関係、各種規制、市場動向などを詳細に調査するデューデリジェンスは、本国における不動産投資の場合と同様、投資意思決定の前提として必要不可欠です。買い主側が行うことが一般的ですが、取引時の情報開示や不動産証券化時の格付け取得を目的として、売り主側が実施することもあります。
>
> 　不動産取引におけるデューデリジェンスでは、次のような項目を調査することが一般的です。
> 　①必要な追加投資額：建物状況調査や環境調査
> 　②賃貸収入：賃貸借契約などの法的調査、マーケット調査・賃貸収入調査などの経済的調査
> 　③運営経費など：運営支出調査など
> 　調査は大きく、物理的調査、法的調査、経済的調査に分けることができます。このうち物理的調査の報告書がエンジニアリング・レポートです。
>
> 　不動産取引におけるデューデリジェンスは広範囲に専門性を求められるので、不動産鑑定士や建築士、弁護士、公認会計士、税理士、環境コンサルタントなどが連携して実施します。

を規制する法律・条例が次々と定められています。不動産投資を検討するときは、このような環境要因によるリスクを考慮する必要があります。なぜならば法的規制に対するコンプライアンス（法令遵守）の問題にとどまらず、経済的な損失にもつながるからです。

具体的な経済損失としては、①有害物質の調査や除去・浄化に要する費用負

デューデリジェンスの調査項目			
物理的調査	(1)土地状況調査	①所在・地番、地目、地積などの調査	
		②隣地との境界調査	
		③埋蔵文化財・地下埋設物などの調査	
		④地質・地盤の調査	
	(2)建物状況調査	①建築および設備関係調査	
		②修繕・更新費用の算出	
		③建物耐震調査およびPMLの判定	
		④法令適合性など諸状況調査	
		⑤再調達価格の算出	
	(3)環境調査	①アスベストなどの建物有害物質含有調査	
		②土壌・地下水などの汚染可能性調査	
法的調査	(1)権利関係調査		
	(2)賃貸借契約関係調査		
	(3)占有関係調査		
	(4)売買契約書のチェック		
経済的調査	マーケット調査	(1)一般的要因の調査分析	
		(2)地域要因分析	
		(3)不動産市場の詳細調査	
		(4)個別的要因分析	
	不動産経営調査	(1)賃貸収入に関する調査	①建物賃貸収入
			②その他収入
		(2)運営支出に関する調査	①管理状況
			②修繕
			③共益費
			④保険
			⑤課税内容
			⑥その他費用

資料：「不動産投資・取引におけるデュー・ディリジェンスとエンジニアリング・レポート―エンジニアリング・レポート作成の考え方―(改訂版)」(建築・設備維持保全推進協会・日本ビルヂング協会連合会、2004年)

担、②操業停止など収益機会の逸失、③嫌悪感から生じる市場価値の低下、④第三者の被害に対する損害賠償などが挙げられます。ここでは、不動産投資にかかわる環境リスクについて、実務上押さえておきたいアスベスト、PCB、土壌汚染を取り上げて説明します。

❶アスベスト

2006年1月、吹き付けアスベストの使用が確認された都内の商業店舗で本格的な除去作業が始まりました。実はこの物件、アスベストに劣化や飛散はなく、本来であれば除去の法的義務はありません。しかし、物件の資産価値の向上や今後の建て替えに備えるために所有者が除去に踏み切ったのです。面積1600㎡以上にも及んだ吹き付けアスベストの除去作業は、期間にして約1カ月強、費用は5000万円近くもかかりました。

図表1-2-2●アスベストの特性

紡織繊維性	繊維がほかの無機、有機繊維に比べ著しく細い
耐熱性	500℃まで安定
抗張力	ピアノ線より引っ張り力が強く、しなやか
耐薬品性	酸やアルカリ、そのほかの薬品に対する抵抗力が強い
保温性	吸湿、吸水性が小さく保温性も高い
耐久性	通常の環境下では半永久的に分解、変質しない
その他	熱絶縁性、絶縁性、耐摩耗性、防音性などにも優れている

資料:「建築物の解体等に係るアスベスト飛散防止対策マニュアル」(東京都環境局、2006年)を基に三菱UFJ信託銀行が作成

アスベストは石綿とも呼ばれる天然の鉱物繊維で、安価なうえ、建材として優れた特性を備えていることから広く建物に使用されてきました（**図表1-2-2**）。日本では1960年代から一般の建物に使われるようになり、アスベスト使用量の約9割が建材として使われたと推測されています。ところが、2005年6月にアスベスト工場での健康被害が公表されたことをきっかけにして、その深刻な被害実態とともに危険性が広く社会に知れわたるようになったのです。

建物でのアスベストの危険性

アスベストが引き起こす健康被害は、アスベストの極めて細い繊維が原因であることが知られています。飛散したアスベストの繊維を身体の中に吸い込むと肺に長期間とどまり、数十年の潜伏期間を経て悪性中皮腫や肺がんなどを発症する危険性があります。

図表1-2-3●アスベスト建材と飛散の可能性

	建材	使用箇所	飛散可能性
吹き付けアスベスト	吹き付けアスベスト、アスベスト含有ロックウール	鉄骨の柱や梁、機械室、駐車場の天井、壁	高い
保温材、耐火被覆材	ひも状保温材、耐火被覆板	設備ダクトなどの継ぎ目、鉄骨の柱や梁	通常は低いが、取り扱いによっては飛散しやすい
成形板	石綿スレート、石綿含有石こうボード、ビニル床タイル	屋根、外壁、階段や通路の天井、仕切り壁、部屋の床	低い

資料：「建築物の解体等に係るアスベスト飛散防止対策マニュアル」（東京都環境局、2006年）などを基に三菱UFJ信託銀行が作成

アスベストは「空気1リットルあたり何本以下なら安全」という閾値(それ以下であれば危険がない量のこと)を設定できないとされています。つまり空気中の濃度が低くても、それなりの確率で健康被害を引き起こす可能性があるということです。

建物で使われているアスベストは、繊維が飛散する可能性の度合いによって三つに分けることができます(**図表1-2-3**)。最も飛散しやすいのは、壁の結露防止や鉄骨柱などの耐火被覆のために使われた**吹き付けアスベスト**です。吹き付けアスベストはセメントの含有率が低いため、もろく傷つきやすいのです。年数を経て劣化が進むと、繊維が飛散する可能性が高まり、危険度が増します。二つ目は、ボイラーの配管などに巻きつけて使われる、ふとん状あるいは、ひも状の**保温材・耐火被覆材**です。通常の使用状態ではアスベストが飛散するおそれは低いのですが、手でもみほぐしたりすると繊維が飛散する可能性があるので、設備の更新時などには取り扱いに注意が必要です。三つ目は、屋根や天井・間仕切り壁などに使われていた石綿スレートや石綿セメントなどの**アスベ**

図表1-2-4●アスベストに関連する主な法規

労働安全衛生法	アスベスト製品製造の禁止、名称の表示、健康管理手帳の交付
特定化学物質等障害予防規則(『特化則』)	アスベスト製品の切断作業や建築物の解体におけるアスベスト除去作業での労働者のアスベストばく露防止措置
石綿障害予防規則(『石綿則』)	建物解体時のアスベスト除去作業での事業者の義務(『特化則』の規制からアスベストを分離)、所有者のアスベスト飛散防止措置
大気汚染防止法	アスベスト除去工事の事前届出、作業基準の遵守
廃棄物処理法	吹き付けアスベストなど「特別管理産業廃棄物」の処理基準

図表1-2-5●アスベスト建材などが使用されたおおむねの期間

		1960	65	70	75	80	85	90	95	2000	05
吹き付け材	吹き付けアスベスト（含有量60〜70％）	←――――――→ 1975									
	アスベスト含有ロックウール（含有量30％以下）		←―――→ 1975								
	アスベスト含有ロックウール（乾式。含有量5％以下）				←→ 1980						
	アスベスト含有ロックウール（湿式。含有量5％以下）			←―――――→ 1989							
アスベスト含有保温材、耐火被覆材		←-------------------------→ 2004									
石綿セメント板などアスベスト成形板		←-------------------------→ 2004									

- 1975年：「特定化学物質等障害予防規則」改正……吹き付けアスベスト（含有量5％超）の使用中止
- 1980年：旧建設省の指導に基づく業界の自主規制…アスベスト含有ロックウールの施工中止
- 1989年：旧建設省の指導に基づく業界の自主規制…湿式アスベスト含有吹き付け材の施工中止
- 2004年：「労働安全衛生法施行令」改正……………アスベスト含有製品（含有量1％超）の製造禁止

資料：「建議 建築物における今後のアスベスト対策について」（社会資本整備審議会 建築分科会、2005年）、「石綿含有建築材料の商品名と製造時期」（日本石綿協会、2005年）などを基に三菱UFJ信託銀行が作成

スト成形板です。破砕しなければ飛散するおそれはほとんどないと考えられます。ただし、内装工事や解体時には対策が求められます。

建物の所有者や管理者にも飛散防止の義務

　アスベストに関する法規や条例は、アスベスト解体作業時の健康対策や、含有製品の製造の制限など労働衛生関連や廃棄物関連の規制が主なものでした（**図表1-2-4**）。建物での使用についての規制は、1975年にアスベスト含有5％を超える吹き付け材の使用が原則禁止されたことに始まり、それ以来、主に業界の自主規制によって、使用が徐々に制限されてきました（**図表1-2-5**）。

　2006年9月に施行された労働安全衛生法施行令の改正で、0.1％を超えるアス

図表1-2-6●「石綿則」で建物の所有者や管理者に求められる措置

「石綿則」	建物の所有者、管理者に求められる措置
第8条	建築物の解体工事等の発注者は、工事請負人に対して、建築物のアスベスト使用状況等（設計図書等）を通知するよう努めなければならない
第9条	建築物の解体工事等の発注者は、工事請負人が、アスベスト使用の有無の調査、解体方法、費用、工期等について労働安全衛生法や作業員の健康障害防止に関する命令の遵守を妨げるおそれのある条件を付さないよう配慮しなければならない
第10条	事業者は、労働者を就業させる建築物に吹き付けられたアスベストが損傷、劣化により飛散のおそれがあるときは、アスベスト処理（除去、封じ込め、囲い込み）等の措置を講じなければならない。 また、事務所又は工場の貸与者は、共用部分について同様の措置を講じなければならない

資料：「石綿障害予防規則の施行について」（厚生労働省通達、2005年）などを基に三菱UFJ信託銀行が作成

ベストを含有する製品の製造が禁止されました。これまで、含有量が1％以下であれば使用可能であったものが、アスベスト繊維の検出限界とされる0.1％まで基準を厳しくしたのです。新たにアスベストを使用することが実質的に全面禁止されたことになります。

　このように、アスベストが含まれる吹き付け材や建材を新たに使用することは一定の制限がなされてきましたが、すでに使われたものからアスベストを除去することを義務づけるものではありませんでした。しかし、2006年2月に建築基準法が改正され、飛散のおそれのないものを除いて、すべてのアスベスト建材の使用が禁止されました。アスベスト建材が使われている既存建物は、この改正法の施行後は**既存不適格建築物**（改正によって現行の法律に適合しなくなった建物のこと。71ページのコラム「既存不適格建築物と違法建築物」参照）となり、増改築時にはアスベスト建材を除去するなどの措置が義務づけられることになります。

一方、2005年7月に施行された**石綿障害予防規則**（以下「石綿則」といいます）では、アスベストに関する建物の所有者の責務が定められました。建物の解体などを行う際の事前調査、作業計画の策定などの措置を事業主に義務づけるとともに、建物の所有者、管理者にも飛散防止のための措置を求めています。賃貸ビルの所有者は、共用部分におけるアスベストを含有する吹き付け材の使用の有無や、損傷・劣化の状況を点検し、その状況に応じて除去などの措置を取らなければなりません（**図表1-2-6**）。これを怠った場合、6カ月以下の懲役または50万円以下の罰金が科せられます。

設計図での識別には限界

　飛散性の高いアスベストがあることがリスクにつながりますから、存在の有無を確認することが第一ステップです。建物の建築当時の材料、工法などが記載されている設計図や仕様書、施工記録などから、アスベストが含まれている可能性のある吹き付け材や建材がわかることがあります。設計図書に記されている商品名・建築年次とアスベストが含まれていた商品の製造時期とを照合して判断します。

　建材メーカーなどは、過去に製造・販売したアスベスト製品について、一般名称、製品名、製造・販売期間、使用場所、識別方法などをホームページで公開しています。しかし、すでに廃業しているメーカーもあって、完全な把握は難しいのが実情です。また、設計図書がないケースや、あっても商品名が記されていないケースもあります。さらに、建物が設計図書通りに施工されていないことも少なくないので、資料だけによるアスベスト製品の識別には限界があります。

　アスベストの有無を効率的に判定するために、エンジニアリング・レポートの取得をお勧めします。依頼にあたってレポート作成機関から資料の提供を求められることがあります。これから取得する不動産であれば、アスベスト建材

の使用状況、および、すでに講じた対策などの資料・情報を、あらかじめ売り主から入手しておく必要があります。エンジニアリング・レポートでは、設計図書による確認に加えて、現地調査や関係者へのヒアリングなどによって、アスベストの使用の有無を確認します。そのうえでサンプリング調査など、さらに正確な分析が必要と判断された場合には専門分析機関による分析調査の実施を勧められることがあります。

専門分析機関ではX線回折法（かいせつ）（試料にX線を当ててその反射や透過の具合で材質を分析する方法）などによる材質分析を行います。材質分析は、厚生労働省が定めた方法に準拠し、アスベスト含有の有無を確認するため定性分析を行います。含有が確認されれば定量分析により、アスベスト含有率を算出することになります。分析には高度な技術と特殊な機器が必要なため、アスベスト分析のできる専門機関は限られます。アスベスト工場が健康被害を公表した2005年6月以降、省庁の要請で建物でのアスベスト使用実態の調査が全国でほぼ一斉に始まり、数少ない専門機関に依頼が集中しています。分析機関から結果レポートが届くまで数カ月待つケースもあるというのが実情のようです。分析費用の目安は、定性分析で1検体あたり2万円、定量分析は機関によってかなり幅がありますが6万円程度からとされています（**図表1-2-7**）。

図表1-2-7●アスベスト調査・分析費用の目安

調査分析	費用（検体採取費用は含まない）
定性分析	2万～6万円／1サンプル
定量分析	6万～19万円／1サンプル
浮遊濃度測定	5万～10万円／1点

資料：調査分析会社のホームページなどを参考に三菱UFJ信託銀行が作成

調査の結果、吹き付け材にアスベストを含有していることが判明した場合、石綿則で義務づけられている劣化・損傷状況の点検のために、必要に応じて空気中のアスベスト濃度測定および吹き付け材の劣化状況の調査を実施しなければなりません。そのうえで、安全対策が必要な場合には、除去または封じ込めなどの対策を講じることになります。

除去、封じ込め、囲い込み──三つの処理方法

吹き付けアスベストの処理方法には、**除去、封じ込め、囲い込み**の三つがあります。除去は最も確実な処理方法ですが、時間とコストがかかります。除去後は、代替物によって耐火性や断熱性などの性能を確保することが求められます。処理工事の間、テナントの休業補償などの難題も解決しなければなりません。

図表1-2-8●アスベストの処理方法と費用の目安

処理方法		処理費用 （処理面積1m²あたり。事前調査、仮設、除去、廃棄物処理費などを含む）
除去[*1] （代替工事は含まない）	吹き付けアスベストを全部除去して、必要に応じてほかの非アスベスト建材を代替として使用する方法	2万～8万円（処理面積300m²未満） 1万5000～5万5000円（同300～1000m²） 1万～2万5000円（同1000m²以上）
封じ込め[*2]	吹き付けアスベストの表面に固化剤を吹き付けて保護膜を作るか、内部に固化剤を浸透させてアスベスト繊維の結合力を強化することによって、飛散を防止する方法	1万2000～3万円
囲い込み[*2]	アスベストが吹き付けられている天井、壁などを非アスベスト建材で覆って室内への飛散を防ぐ方法	1万～5万円

資料：*1は「石綿（アスベスト）除去に関する費用について」（国土交通省、2006年）、*2は専門工事会社へのヒアリングなどを基に三菱UFJ信託銀行が作成

除去以外の処理方法でも当面の危険は取り除けますが、アスベストが残るため、建物解体時には再度、粉じん発生防止の対策を講じる必要があります。

　アスベスト処理の費用は、処理方法や面積、現場の状況や施工条件によって変動します。およその目安を**図表1-2-8**に示しました。通常の状態では飛散のおそれのない石綿スレートなどの成形板でも、切断したり割ったりした場合にアスベストが飛散する可能性があります。このため、アスベスト成形板が使われている建物を改装や解体するときには、成形板を破壊しないよう、事前に一枚ずつ手ではがすなどの対応が必要です。

　不動産の取得にあたっては、飛散の可能性の高い吹き付けアスベストのように早急に対応を求められる建物でなくても、ライフサイクルでとらえればコストがかかることを知っておく必要があります。アスベストの存否や状況に関する情報が不十分のまま売買契約を行ってしまうと、取得後にアスベスト建材の存在が発覚した場合に、損害賠償など予期せぬトラブルが生じる危険があります。これを回避するために、売買契約書においてアスベスト建材の処理などに要する費用の負担や、瑕疵担保責任に対する賠償責任の範囲を明記することが必要です。

❷PCB（ポリ塩化ビフェニル）

　建築後年数を経過したビルの中には、屋上の高圧受電設備などに**PCB製品**が使われていたり、**PCB廃棄物**が隔離・保管されていることがあります。PCBは環境中での残留性が高く、人や生態系に有害な化学物質として、国際的に協調して除去、廃絶に向けた取り組みがなされています。PCB製品は使用中であれ保管中であれ、いずれ処理しなければなりません。それまでの間の管理・保管および処理には、かなりの経済的負担が予想されます。

　PCBは絶縁性や不燃性に優れた特性を持つ物質で、電気機器の内部絶縁油

をはじめ感圧複写紙や塗料など幅広い用途に使用されていました。しかし、その毒性が社会問題化し、日本では1974年に製造・輸入・使用が原則として禁止されました。多くのPCB製品は回収されたり、使用が中止されましたが、トランス（変圧器）やコンデンサーなど、PCBが製品内に密閉された機器の使用は禁止されず、使用量は減少傾向をたどっているものの、現在でも使用されています。

　PCB廃棄物については、安全に処分する施設や体制が整わなかったため、長期間にわたって処理できないまま、保有者の責任で保管する状況が続いてきました。2001年の「ポリ塩化ビフェニル廃棄物の適正な処理の推進に関する特別措置法（**PCB特別措置法**）」の制定で、国の特殊法人＊がPCB処理を実施する制度的枠組みが整い、2004年から処理施設が稼働しました。PCB廃棄物はようやく本格的な処理が始まったところです。

PCB廃棄物は譲渡できない

　2006年7月、不動産投資法人（J-REIT）から資産運用業務を受託している運用会社が、金融庁から善管注意義務（善良な管理者として要求される注意義務）違反を理由に行政処分を受けました。受託した資産に新たな不動産を組み入れる際、PCB廃棄物を投資法人が管理するものとして所轄官庁に届け出をしたうえ、処理費用の見積りまで行っていたことを指摘されました。

　PCB廃棄物については、PCB特別措置法で譲渡できないことが定められています。PCB廃棄物を保管している不動産の所有者は、その不動産を売却した後も処理が完了するまで自ら場所を確保し、移設・保管する義務を負っています。従って万一、取得予定の不動産にPCB廃棄物が発見された場合、売り主に対して速やかに当該物件以外の場所へ移設するよう要請すべきです。なお、PCB廃棄物の保管にあたっては、廃棄物処理法に基づく「特別管理産業廃棄物」として、保管する施設ごとに管理者を選任して届けるなど特に厳格な管理が必要とされています。保管者はPCB特別措置法によって2016年までに処分を

＊日本環境安全事業株式会社（JESCO）　http://www.jesconet.co.jp/

終えることが義務づけられています。

　一方、トランスなど使用中の機器にPCB含有の絶縁油が使われているかどうかは、機器の銘板に記載されている形式や製造年月日を基に、メーカーや（社）日本電機工業会*で確認できます。これらの機器の多くが高圧電気設備ですから、この確認調査については、電気主任技術者などの専門家に任せることが肝要です。

　PCB使用機器を継続して使用する場合にも、適正管理の徹底が求められます。例えば東京都の指導要綱では、使用の届け出、使用状況について毎年度報告を義務づけるとともに、PCBの使われていない代替機器に計画的に交換することを求めています。交換した後も使用中止に伴う保管の届け出が必要です。いったん取り外した機器は再度使用できないため、PCB廃棄物として処理までの間、厳格に保管することになります。

　このほか、2002年になって、本来PCBを使用していないトランスやケーブル

図表1-2-9●PCB廃棄物の処理費用の目安

PCB廃棄物の種類	処理費用 （1台あたりの基本料金。このほかにPCB漏洩の程度によって付加料金や運搬料金がかかる）
高圧トランス（重量400kg）	約180万円
高圧コンデンサー（重量60kg）	約80万円
PCB廃油	3000円×重量(kg)
安定器、小型電気部品	1800円×重量(kg)

資料：「PCB廃棄物の処理料金」（日本環境安全事業株式会社）を基に三菱UFJ信託銀行が作成

＊　（社）日本電機工業会　http://www.jema-net.or.jp/

など一部の電気機器からごく微量のPCBが検出されたことを受け、調査が行われた結果、絶縁油のリサイクルの過程で混入した可能性を完全には否定できないことがわかりました。この**微量PCB**の処理については現在、国が検討を進めている段階です。

　使われている電気機器に微量のPCBが混入している可能性があっても継続して使用することには問題がありませんが、使用を終えて廃棄する場合には、PCB混入の有無を確認しなくてはなりません。もしPCBの混入が確認された場合は、法規に基づいてPCB廃棄物として適正な保管などの措置が必要になります。なお、疑わしい製品の製造時期や微量PCBに関する規制など詳しくは(社)日本電機工業会のホームページで確認してください。

　このように、PCB使用機器を継続して使用する場合のリスクは決して小さなものとはいえません。取得予定の不動産にPCB使用機器があることがわかっている、あるいは明確ではない場合には、管理・保管および処理に要する費用（**図表1-2-9**）の負担について、売買契約で明記しておくべきでしょう。

❸土壌汚染

　2002年3月、あるデベロッパーが川崎市内の土地をマンション建設用地として約130億円で取得しました。その1年後、マンション建設に着手したところ地中に大量のゴミがみつかり、トリクロロエチレンやヒ素、フッ素などで土壌が汚染されていることが判明しました。このためマンションの建設工事と販売を中止。プロジェクトは頓挫してしまいました。

　この取引に関しては土壌汚染が発見されたときの取り決めがなかったのですが、幸いにして売り主に瑕疵担保責任を負える資力があったため、売買代金の返還と損害賠償金の支払いで合意しました。土壌汚染の発見による不動産の評価損なども含め、売り主の損失額は約140億円を超えるとみられています。

有害物質に汚染された土壌は、その影響が人の健康や生活環境、生態系に及ぶおそれがあります。保有不動産に土壌汚染がある場合、除去・浄化対策の費用負担や心理的嫌悪感（スティグマ）による価値下落という形で経済的損失をもたらす可能性が生じます。2003年2月に施行された土壌汚染対策法は、過去に有害物質を取り扱っていた工場や事業場を廃止する際、その施設があった土地の所有者に対して土壌調査を行うことを義務づけています。調査の結果、土壌汚染が判明し、汚染の程度が基準を超える場合には、その土地は指定区域として台帳に記載されて公開されます。さらに指定区域の土壌汚染によって人の健康に被害を及ぼすおそれがある場合には、舗装や覆土、立ち入り制限などの措置を命じられることがあります。

　土壌汚染対策法では、有害物質として揮発性有機化合物（トリクロロエチレンなど）、重金属類（六価クロムなど）、および農薬等の3種26物質が指定され、それぞれについて汚染判断の基準値が定められています。また、各地方公共団体も、土壌汚染対策法とは別に土壌汚染対策に関連する条例、要綱、指導指針を定めていることもあるので注意が必要です。

所有者に調査義務

　まずチェックすべきことは、土壌汚染対策法や条例などに抵触していないかどうかです。これらの法律などに基づく土壌汚染の調査義務は所有者にありますから、土地の売買にあたっては売り主に資料や情報の提供を求めることが必要です。

　売り主に求めるのは、土地の利用履歴や周辺の土地の用途、土壌汚染に関する調査結果などの資料や情報です。具体的には、①登記簿謄本（閉鎖謄本、公図の写しを含む）、②有害物質にかかわる届出書類（水質汚濁防止法、下水道法、大気汚染防止法、廃棄物処理法など）、③土壌汚染対策法に基づく指定区域台帳、④自主的に行った土壌汚染調査資料などが挙げられます。

また、これらの法律や条例に違反していなかったとしても、それだけで土壌汚染の問題が片付いたことにはなりません。法律などが対象とするのは、汚染問題の一部だからです。土壌汚染対策法における土壌汚染調査が義務づけられるのは、有害物質使用施設の廃止時などに限られ、しかもこの法律の施行後のものが対象ですから、指定区域がカバーする土地はかなり限定されます。また、例えばガソリンなどの油類や薬品の多くは、土壌汚染対策法や条例に指定されている有害物質には該当しませんが、不動産の用途によっては問題になることがあります。

　従って土地の取引では、法律の範囲を超えた土壌汚染調査が必須です。取得予定の不動産について、土壌汚染の可能性があるにもかかわらず土壌汚染調査の資料がない場合は、売買契約を結ぶ前に売り主に調査を実施してもらうことを原則とすべきでしょう。

　さらに後日、土壌汚染が判明したときに備えて、トラブル防止のための契約上の配慮が必要なことは、アスベストの場合と同様です。売買契約では、①土壌汚染の定義を明確にすること、②取得後に土壌汚染が発見された場合には契約解除できる特約を設けるか、土壌汚染の処理についてあらかじめ費用分担や瑕疵担保責任に対する賠償責任の範囲を明確にしておくこと――が必要です。

調査は「汚染の有無」→「程度」→「範囲」の順で
　土壌汚染調査は、その土地の「汚染の有無」を調査し、汚染があった場合には「汚染の程度」を調べ、「汚染の範囲」を確定するというように、段階的に絞り込みながら進めるのが一般的です。

第1段階(フェーズ1)：土地履歴調査
　資料(閉鎖謄本、住宅地図など)と聞き取り、現地検分により、土壌汚染の可能性の有無を評価します。この結果、過去に有害物質を扱っていた工場など

があったり、埋立地や造成地で有害物質が含まれている可能性があることがわかった場合には、次の段階の土壌汚染確認調査が必要となります。例えば、過去に住宅しかなかったなど、有害物質の含まれている可能性が低い場合には、この調査で終了です。エンジニアリング・レポートでの土壌汚染調査は、通常はこのフェーズ1レベルで実施します。

第2段階（フェーズ2*）：土壌汚染確認調査（概況調査）

現地調査および土地表層部分でのサンプル採取により、土壌汚染の有無を評価します。この結果、土壌汚染が存在すると判定された場合に、次の段階の詳細調査を行います。

第3段階（フェーズ3）：詳細調査

ボーリング調査や地下水調査などのサンプル採取によって、汚染の範囲や深さ、

図表1-2-10●土壌汚染調査の費用の目安

調査の種類	調査地の面積	調査期間（月）	調査費用
フェーズ1調査 （土地履歴調査）	—	0.5～1	30万～100万円／件
フェーズ2調査 （概況調査）	1000m²	1～1.5	40万～50万円／地点
	3000m²	1.5～2	40万～45万円／地点
フェーズ3調査 （詳細調査）	1000m²	1～1.5	500万～1000万円／件
	3000m²	1.5～2	1000万～3000万円／件

資料：「はじめての土壌汚染と不動産評価」（近代セールス社、2005年）などを基に三菱UFJ信託銀行が作成

＊土壌汚染確認調査（概況調査）と詳細調査を合せて「フェーズ2」とし、土壌汚染対策を「フェーズ3」と呼ぶこともあります

程度を把握します。この調査結果に基づいて、実際の土壌汚染対策を立てます。

土壌汚染調査の費用と所要期間は、対象地の広さや汚染の状況、建物などの有無によって異なり、個別に見積もりを取る必要があります。およその目安を**図表1-2-10**に示しました。

保険で損失を軽減する

利用は限られていますが、リスクを回避するために、保険をかけるのも選択肢です。商品化されている保険には次のようなものがあります。①浄化費用を支払う土壌浄化費用保険、②浄化費用の予想外の超過分をてん補する保険（土壌修復費用ストップロス保険）、③第三者の土地まで汚染が拡大した場合の浄化費用を支払う土壌汚染賠償責任保険。

いずれも、保険引き受けの時点で汚染が確認されていないことが条件で、そのために保険会社指定の外部調査会社による実地調査を受けなければなりません。土壌汚染に関する保険は商品化されてからの歴史が浅く、汚染に対するリスク評価技術は発展途上です。需要が危険性の高い物件に偏るため保険事業のベースに乗りにくいなどの理由で、各保険会社とも引き受けには慎重です。

3
耐震性のリスク

建物は、地震や台風などに対して安全でなければなりません。特に大地震の危険が避けられない日本では、建物の耐震強度が不十分な場合、建物の破損にとどまらず人命の安全が脅かされます。不動産投資においては、①地震による物的損害の修復・建て替え費用の負担、②修復や建て替えに伴う操業停止など収益機会の逸失、③資産価値の低下、④人的・物的被害の損害賠償——などのリスクを考慮する必要があります。

「新耐震」か「旧耐震」か

　建物が耐震強度として最低限確保しなければならない基準は、建築基準法に定められており、新潟地震、十勝沖地震、宮城県沖地震などで建物が大きな被害を受けるたびに改訂されてきました。現在の建築基準である新耐震設計法（以下、新耐震）は、それまでの耐震研究の成果を盛り込んで、世界でも最高水準の耐震基準として、1981年に施行されました。これに対して、それ以前の耐震基準を旧耐震基準と呼びます。

　建物の耐震強度が新耐震基準を満たしていれば、その建物が存続中に数回遭遇すると考えられる中規模地震（震度5強程度）では、ほとんど壊れません。建物の寿命の間に遭遇するかどうかわからない大規模地震（震度6強から震度7程度）に遭遇した場合は、構造体がある程度損傷を受けるものの崩壊には至らず、中にいる人間の命の安全が脅かされることはないといわれています。

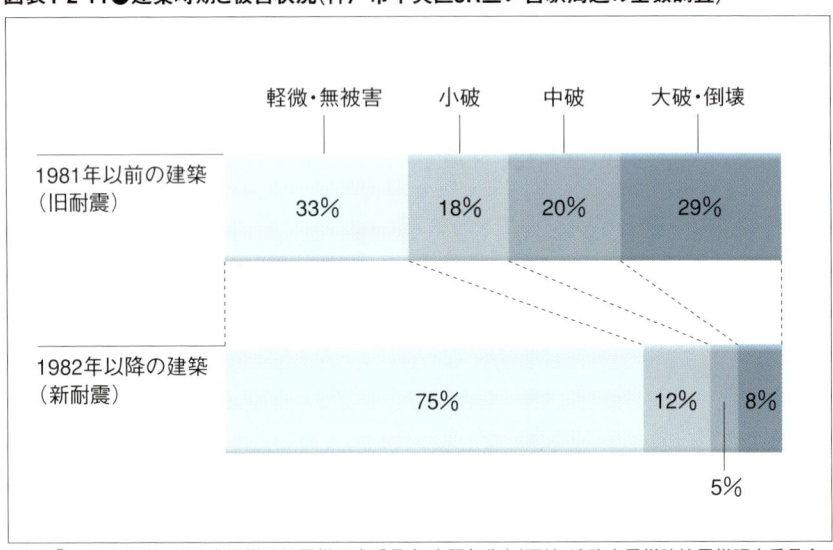

図表1-2-11●建築時期と被害状況（神戸市中央区JR三ノ宮駅周辺の全数調査）

	軽微・無被害	小破	中破	大破・倒壊
1981年以前の建築（旧耐震）	33%	18%	20%	29%
1982年以降の建築（新耐震）	75%	12%	5%	8%

資料：「平成7年阪神・淡路大震災建築震災調査委員会 中間報告」（阪神・淡路大震災建築震災調査委員会、1995年）を基に三菱UFJ信託銀行が作成

1995年に発生した阪神・淡路大震災では、旧耐震基準で設計された建物の半数が大規模な補修の必要な「中破」以上の被害を受けました。これに対して、新耐震で設計された建物では4分の3が軽微な損傷または無被害という調査結果があり、新耐震による耐震性能の向上が実証されました(**図表1-2-11**)。なお新耐震であっても、建物の倒壊防止、人命確保という、いわば必要最低限の安全確保の観点で基準が決められていることを改めて認識しておく必要があります。建物設備や内外装の破損の回避、家具の転倒による被害の回避、さらに地震後の機能維持、資産価値の保全まで保証するものではありません。100年に一度の災害に全く壊れないほど頑丈に設計することは可能でも、経済性はもとより居住性も大きく損ねることにつながり、現実的ではないという考え方です。

損失額を示すPML

建物の耐震性についてエンジニアリング・レポートでは、予想最大損失率

コラム

PMLで用いる50年に10%の発生確率とは

「50年間に10%の確率」を1年間の発生確率(「年発生確率」といいます)で説明すると次のようになります。

年発生確率をpとすると、発生しない確率は1からpを引いた「$1-p$」です。それが毎年発生せず50年間続く確率は、この「$1-p$」を50乗すると求められます。50年間に10%で発生する確率というのは、全然発生しない確率を1から引いたものが10%ということですから、次のような式で表すことができます。

$$1-(1-p)^{50}=0.10$$
$$p=1-0.9^{1/50}=1/475$$

この式を解くと、年発生確率pというのは475分の1になります。1年間に475分の1の確率で発生するということは、言い換えると、475年に1回の確率で発生する地震ということができます。

この50年という年数は、そのくらいの期間で建物が建て替えられることが多いので、直感的にわかりやすいことからよく用いられています。

（**PML**：Probable Maximum Loss）という指標を用いて評価しています。この指標は、その建物が予想される最大の地震によって被害を受けたとき、被災前の状態に復旧するための補修工事費（損失額）と、総建て替え工事費とを用いて算出します。総建て替え工事費に対する補修工事費の割合（％）がPMLです。

$$\text{PML}(\%) = \frac{\text{補修工事費}}{\text{総建て替え工事費}} \times 100$$

PMLの大きなメリットは、損失額を出せるということと、対策の費用対効果として比較することが可能なことです。「現状のままではこれだけの被害額にな

コラム

ポートフォリオでリスク分散

PML値が高いと地震時の被害額が大きくなります。PML値が20％を超えるような物件は投資に向かないということでしょうか。投資家によっては「PML値が高くても、高い収益が得られるならば投資したい」と考える人もいるでしょう。しかし実務上は、PML値が20％を超えてくるような物件だと、資金調達に問題が生じてきます。ノンリコースローンなどの借り入れをしようとしたときに、銀行などのレンダーから融資を断られたり、または、地震保険を付けることを求められたりするのです。地震保険は保険料が高額なため、投資収益に大きなマイナスとなります。また、金利条件も悪くなる場合があります。

では、このような物件は、まったく投資対象にならないのでしょうか。必ずしもそうとは限りません。複数の物件を取得する場合は、**ポートフォリオPML**を評価する方法があります。これは、文字通り、対象となる複数の物件（ポートフォリオ）全体で、PML値を求めるものです。PMLは、確率・統計理論に基づいて計算されるので、個々の物件の最大損失の割合が大きくても、物件が数多くあればリスクが平準化して、全体の最大損失の割合は小さくなります。

ポートフォリオPMLは、物件の数が多ければ多いほど、また、物件が広域に散在すればするほど、理論上は小さくなっていきます。分散投資することの利点が、具体的な数字を通じて端的に実感できます。不動産に限らず「投資はポートフォリオで分散して行うのが良い」といわれます。

多くのレンダーは、ポートフォリオPMLでのリスク評価を認めていますので、これが一定水準以下であれば、個別物件のPML値が高いものが混ざっていても、資金を借りることが可能となります。

るが、このくらいの改修コストをかけることによって被害額が大きく低減する」といった形で数字にして示すことができるのです。PMLの算出で想定する地震の大きさは、その地域で50年に10％の確率で発生する地震とされ、例えば東京都区部の標準的な地盤では震度6弱に相当する地震になります。

　PMLは、その建物の所在地の地震危険度、地盤の影響、建物の耐震性能を総合的に勘案して、将来予想される地震による建物の被害の程度を評価するものです。一般には建物の耐震性が高いほどPMLの値は小さいと判断されますが、仮に耐震性が低い建物でも地震危険度が低ければPMLも低くなります。逆に言えば、地震危険度の高い地域では、新耐震基準の建物だからといって必ずしもPMLが低いとは限りません。

PMLが20％超えると融資にも影響

　PML値の一般的な見方として、10％以下は「軽度な損害で耐震性には問題なし」とみなし、15％あるいは20％を超えた場合は「地震リスクを軽減する措置を講じる必要がある」と判断しています。不動産の証券化では、PMLが20％を超えると格付け低下やレンダー（銀行など融資を行う金融機関）から融資を受けることが難しくなるため、耐震補強工事や地震保険付保の検討対象となります。

　2005年11月、千葉県の建築士が構造計算書を偽装し、耐震強度が建築基準法の基準を著しく下回る建物が建築されていた事件が発覚しました。この事件では、建築士という業務独占が認められた専門家が悪質な偽装を行ったことに加えて、建築工事着工前の建築確認の審査の過程で偽装が見過ごされてしまい、未然防止のための制度が機能しなかったことが社会に深刻な不安と動揺を与えました。

　事件をきっかけにして、不動産の取得時にはエンジニアリング・レポートと

図表1-2-12●建築士の団体など

団体	連絡先
都道府県の建築士事務所協会 (社)日本建築士事務所協会連合会	http://www.njr.or.jp/a09/index.html http://www.njr.or.jp/
都道府県の建築士会 (社)日本建築士会連合会	http://www.kenchikushikai.or.jp/shiryo/shikai_ichiran/ichiran.htm http://www.kenchikushikai.or.jp/
(社)日本建築構造技術者協会	http://www.jsca.or.jp/
(財)日本建築防災協会	http://www.kenchiku-bosai.or.jp/

は別に、第三者の専門家に依頼して構造計算の適合性をチェックするところが増えてきました。こうしたチェックのことを、同等の技術力をもった人による審査という意味で**ピアレビュー**とかピアチェックと言うことがあります。ピア(peer)とは仲間や同業者を意味します。ピアレビューを検討する場合には、全国の建築士会、建築事務所協会や構造を専門とする建築士の団体である(社)日本建築構造技術者協会に相談するとよいでしょう(**図表1-2-12**)。

4
違法建築物のリスク

2006年7月、あるJ-REITの運用会社が、物件取得時に十分な審査を行っていなかったという理由で、金融庁から行政処分を受けました。容積率が基準を超えている違法建築物件を取得していたのです。この事件はそのJ-REITのみならずJ-REIT全般の信頼性を揺るがせ、J-REITの株価(投資口価格)は、一時的に全面安になりました。

不動産を取得する際、その建築物が建築基準法や消防法、ハートビル法とい

った不動産関連法令に違反していないか、その遵法性を事前に調べる必要があります。**違法建築物**をそのまま取得してしまうと、是正費用の負担や売却価格の低下などの経済的損失を起こすとともに、**コンプライアンス**(法令遵守)意識の低さについて指摘を受けることになりかねません。

違法建築物の例としては、次のようなケースがあります。
・屋上に建築確認申請図面にない倉庫が建築当初から設けられており、竣工時の検査済証がとれていない。
・1階の駐車場部分を竣工後無届で事務所に改装し、基準の容積率を超えている。
・第一種低層住居専用地域において、当初、住宅として建設した建物が不正に改装され都市計画で禁止されている店舗となっている。
・条例による住宅付置義務(建物の一部を住宅としなければならない規定)に従って住宅として建設されたフロアを不正に改装し、事務所として使用している。

違法建築物であることが発覚すると、違法部分について是正する必要が生じ、そのための費用がかかります。また、その部分をほかのテナントに貸している場合は、是正工事期間中の休業補償なども必要となることがあります。この費用については前所有者に瑕疵担保責任として請求できる場合もありますが、手間と時間がかかります。

なお、違法部分を是正しないと、売却時の価格にも影響を及ぼします。違法建築物は信託受託を拒絶されることがあります(96ページ参照)。その場合、受益権として取引することができず、現物不動産のまま売買することになります。そうなると、不動産取引の主役となっているJ-REITや私募ファンドなどに購入してもらいにくくなり、売却先が限定される結果、価格に影響を及ぼす可能性があります。最近では金融機関に遵法性を要求されることが多くなっており、購入者の資金調達にも影響します。

経済的損失とは別のリスクも生じます。違法物件を取得したことについて、とりわけ人身にかかわる違法内容を放置していた場合など、当事者のコンプライアンスに対する意識の低さを問われ、評判を落とすという風評リスクも考えられます。

なお、現行法の基準に則していない建物が、**既存不適格建築物**（当初適法であったが法改正などで適法でなくなった建物）である場合もあります。既存不適格建築物であれば違法建築物と違い、すぐに是正する必要はありません。ただし、建て替える場合には、その時点での基準に則したものしか建てられず、従来と同じ規模、同じ用途のものが建たないこともあります。そのことが価格を減価させる要因となる可能性がありますので、購入時点で既存不適格となっていないか確認が必要です。

違法建築物を取得することによる損失を起こさないためには、購入前にその物件の違法性についてよく調べることが必要です。まず建築確認通知書や竣工検査済証などを確認しましょう。検査済証があれば少なくとも竣工時点では適法であったことがわかります。ない場合はその時点ですでに図面通り建築されていなかった可能性があります。

最近、問題になっているのは、竣工後に不正に改装されているケースです。このことを確認するためには、現況の建物の状態を当初の建築図面や現行法の基準などと照らし合わせる必要があります。判定にはかなり高度な専門的知識が必要となりますので、やはり専門家に**エンジニアリング・レポート**を依頼することをお勧めします。エンジニアリング・レポートなどで調査した結果、違法建築であることが判明した場合は、①購入前に売り主に是正させる、②是正費用分を考慮した価格で購入し、購入後に自身で是正工事を行う、③是正が不可能な場合や膨大な費用がかかる場合は投資を断念する、というような対応が考えられます。

手続きの瑕疵

違法建築物ではない場合でも、そのことを証明する竣工検査などの手続きや書類が不十分である場合もあります。これは、**手続きの瑕疵**となり、場合によっては違法建築物と同様の扱いとなり、信託受託や融資の申し込みの際、支障となる可能性があります。そうなると売却価格に影響するかもしれません。不動産を購入する段階で、このような手続きの瑕疵がないか十分確認しましょう。

竣工検査済証が確認できない場合でも、検査済証の発行証明が確認できれば問題ありません。しかしそれも確認できない場合は、新築時や増築時の建築確認通知書、確認済証、是正命令についての行政へのヒアリングなどにより、その物件の遵法性を証明できるかどうかを確認する必要があります。エンジニアリング・レポートを依頼すると、手続きの瑕疵についても確認できます。

コラム

既存不適格建築物と違法建築物

かつては法に適合していた不動産も、法改正などで後に適法でなくなってしまうことがあります。この場合、当初の建築行為について、さかのぼって法令違反を問われることはありません(「不遡及の原則」といいます)。ただ、当該建築物は不適合のまま存在し続けていることになります。建築基準法では、このような建築物を「既存不適格建築物」と呼んで、「違法建築物」と異なる取り扱いがなされます。

違法建築物に対しては、直ちに使用禁止や改築・除却などの是正措置が求められますが、既存不適格建築物は、そのまま使用することには差し支えありません。ただし、建て替えや増改築、大規模な修繕、模様替えの工事をする場合には、それを機会に不適合部分を適法に改めるのが原則です。

既存不適格建築物としては、以下のような例があります。
- 現在の建物の高さが30mあるが、建物の高さを20m以下に制限する絶対高さ規制が新たに制定された。
- 容積率をフルに活用して建設した後、敷地の一部が道路用地として収用され、その結果、残りの土地面積で計算すると容積率を超過することになった。
- 都市計画による用途地域に適合した店舗を建設したが、その後、用途地域が変更されて店舗が建てられなくなった。

ポイント整理

欠陥・瑕疵に関するリスクと対応策

1. 不動産には環境要因や物的構造上の瑕疵に伴う①調査・除去費用の負担、②収益機会の逸失、③資産価値の下落、④第三者への損害賠償など、ほかの金融資産にはないリスクがあります。

2. 物理的リスクを適正に評価するために、まずエンジニアリング・レポートを取得することが有効です。

3. アスベスト使用の有無と劣化状況を確認のうえ、契約書で処理費用の負担や賠償責任の範囲を明示しておくことが必要です。

4. 建築後年数を経たビルを取得する時には、PCB製品の使用の有無を確認し、管理・保管・処理に要する費用負担を明確にします。取得予定の不動産にPCB廃棄物が発見された場合には、売り主に撤去移設を要請します。

5. 土壌汚染は予想外の経済的損失をもたらす可能性があるため、不動産取引では土壌汚染調査が必須となっています。後日、汚染が判明した場合のトラブルを防止するため、契約内容にも注意します。

6. 「旧耐震」の建物は、耐震診断を行ったうえで耐震補強などを実施して「新耐震」相当の耐震性能を確保する必要があります。「新耐震」の建物でも構造計算の偽装事件を契機に、改めて第三者によるピアレビューを行うことが増えています。

7. エンジニアリング・レポートでは建物の耐震性能のほか、地盤条件や地震危険度を加味したPMLを用いて建物の地震リスクを評価します。PMLは地震による建物の被害に伴う修復コストを予測する指標で、20%を超えると耐震性に問題があると判断されることがあります。

8. 違法建築物をそのまま取得してしまうと是正費用の負担や売却価格の低下、コンプライアンス意識の指摘などにつながるため、事前にエンジニアリング・レポートなどでチェックすることが必要です。

1-3

第1章　取得時のリスク

関係者の権利義務や信用に関するリスクと対応策

1 第三者の権利 ……………………………… 74
2 共有、区分所有 …………………………… 79
3 借地権 ……………………………………… 86
4 売り主の信用と責任 ……………………… 89
5 信託受益権 ………………………………… 94

ポイント整理 ………………………………… 99

コラム　複雑な権利関係 ……………………… 85
コラム　制限能力者 …………………………… 91
コラム　スーパーマーケットの証券化と真正売買 … 93

1-3
関係者の権利義務や信用に関するリスクと対応策

　不動産に投資するということは、不動産を使ってキャッシュフローを得ることですから、不動産を正当に使用する権利を確保しなければなりません。最もわかりやすいのは、不動産の所有権を取得することです。所有権とは、「法令の制限内において、目的物を自由かつ排他的に使用、収益、処分できる権利のこと」と定義されています。本節では、このような権利が完全に確保されないリスクと、その対応策について説明します。

1
第三者の権利

担保権

　担保権とは、銀行借入などの債務が返済できなくなった場合に備え、債務者やその代わりの者から目的物の提供を受けて、債権者（銀行など）があらかじめ設定する権利のことです。代表的なものとして抵当権、質権、譲渡担保があります。

　このうち、不動産を担保として提供する場合によく利用されるのが抵当権です。抵当権が設定された不動産は、抵当権が実行されなければ所有者が使用して収益を上げ続けることができます。しかし債務者が債務不履行を起こすと、債権者によって競売が申し立てられて強制的に換金され、債務を返済した残りの金銭が配当されるだけとなってしまいます。

　不動産や法律に多少なりとも知識がある人であれば、抵当権が設定された物件を、そのまま購入することはないでしょう。前所有者に関連して設定された抵当権は、売買で所有権が移転しても自動的に抹消されるわけではありません。売買にあたっては抵当権が登記上もきちんと抹消されるか、最後まで見届

けることが必要です。

　登記された担保権は、法務局で全部事項証明書（登記簿謄本）を取ることで確認できます。抵当権の設定状況などは、売り主の状況を判断する手がかりの一つになります。

第三者による利用権
　土地（建物の敷地）には、隣地建物の利用者が通り抜けできるように、一部に通行地役権が設定されることがあります。また、電力会社や通信会社が敷地上に電柱を設置したり、地下または建物の中に関係設備を設置したりすることがあります。それだけでなく、都市部では都市機能の複雑化に伴い、敷地の上下空間に、鉄道、道路、その他様々な社会インフラが重なり合って建設され、敷地の自由な利用が制限されるようになってきています。

　このような第三者による利用権の存在は、登記簿上で確認できることもありますが、すべてが登記されているわけではありません。賃借権の場合には登記されていることが珍しく、前所有者と利用者との間での契約や覚書という形でしか確認できないものもあるのです。

　すでに稼働中の不動産に投資する場合、第三者の利用権があっても、建て替えや修復を行わなければキャッシュフローに影響はありません。しかし、不動産にこれらの利用権が設定されている場合、ビルの修復工事を行う際にビルの外壁に足場が組めないといった障害が出ることがあります。

　また、建て替えや改築の際にも、敷地を十分に生かした建物が建てられない場合があります。例えば上空に高圧線が通過している土地は、地上権が設定されているため、建物の高さに制限が出てきます。このような物件は、建て替え時の高さや大きさが限られてしまい、売却価格が低くなる可能性があります。

投資用の不動産を取得するときは、目先のキャッシュフローに注意が向いてしまいがちですが、不動産（特に土地）のもつ利用可能性を資産価値に織り込んでいくならば、第三者による利用権の存在にも注意する必要があります。第三者による利用権の代表的なものには地上権、永小作権、地役権、賃借権などがあります。これらを**用益権**と呼ぶことがあります。

面積と境界

面積には、土地の面積と建物の面積の両方があります。ここでは、第三者との関係で特に重要な、土地の面積と境界との切っても切れない関係について説明します。

法務局で**全部事項証明書（登記簿謄本）**を取ると「地積」が記載されています。同じく法務局備え付けの**公図**を見ると、およその敷地形状と隣接地との関係を知ることができます。しかし、それらは正しい面積や近隣関係を保証するものではありません。

不動産取引の際には、**実測図**（測量図）が提示されることがあります。測量士による実測面積が記載されているので、登記簿や公図よりは信頼がおけそうですが、境界を確定していない**現況実測図**である場合には注意が必要です。これは、境界石と思われるポイントや、それに代わる目印を基にしてとりあえず測量したものなので、境界について隣地所有者が同意しているとは限らないからです。

境界線をめぐって隣地と紛争があると、解決に時間がかかることが少なくありません。過去からの因縁めいた経緯を引きずってしまうこともありますし、交渉の末、境界線が後退して土地面積が減少するリスクもあります。このようなリスクを回避するためには、不動産取引の際に、隣地所有者からの**境界承諾書**が添付された**確定実測図**を求めることをお勧めします。実際には、隣地所有

者の数が多く、確定実測図が取引に間に合わない場合も少なくありません。そのようなときは境界について紛争がないか、売り主から聞き出すのと同時に、測量士にも調べてもらいます。売り主の言い分と違って紛争があることがわかった場合は、売買契約の解除や売り主への責任追及ができるような手当てを講じます。また、土地面積が増減した場合は、精算できるようにしておきます。

「土地の境界が数センチメートル違っても、建物からのキャッシュフローは変わらない」という考えもあるかもしれませんが、土地境界で紛争がある不動産は売却の際に不利になることが多いのです。この問題を軽視することはできません。十分な確認が必要です。

権利侵害

権利侵害には、こちらが第三者に権利を侵害される場合と、こちらが第三者の権利を侵害する場合の二つのケースがあります。

侵害されるケースとして、**不法占拠**や**越境**などが挙げられます。解約したテナントが引き渡し日を過ぎても出て行ってくれない、建物の空いているスペースが勝手に倉庫代わりに使われている、敷地上に所有者不明の自動車が長期間放置されている、隣の建物が改築されて庇やエアコンの室外機が越境してきた——。こうした事態は相手に法的な権利がなければ排除できるのですが、現実には解決までに手間、時間、コストを要します。さらに、これらの問題に煩わされることによる逸失利益は、投資キャッシュフローに悪影響を及ぼすおそれがあります。

反対に、こちらが知らず知らずに第三者の権利を侵害してしまう例としては、樹木の枝が伸びたり、排気口のダクトが敷地境界を越えてしまったりといった越境がよくあります。ほかにも、通用口から裏通りまでの通路は土地所有者の了解を得ているものだと思っていたら無断だった、水道管が無断で隣地の

地下を通って本管に接続されていた、というような不法状態を知らないで不動産を取得してしまう場合もあります。不動産の賃借人が騒音を立てたり迷惑行為を行ったりして近隣から苦情が出るというのも、広い意味で第三者への権利侵害になるでしょう。こうした問題も放置して大きくなると、想定外の出費や資産価値の下落につながります（**図表1-3-1**）。

　これまで述べたような権利義務に関するトラブルは、第三者と利害が対立する問題です。抱え込んでしまうと、解決に時間がかかる場合が少なくありません。この問題による損失を抑えるためには、特に取得の段階で、見過ごすことのないように調査して問題点を発見することが大切です。発見できさえすれば、その解決を売買条件にしたり、解決しない場合は損害賠償を求められるような契約にしたり、あるいは、問題点を織り込んだ状態で売買価格について交渉することもできます。不動産投資なのですから、問題解決の可能性とコストを反

図表1-3-1●越境のイメージ

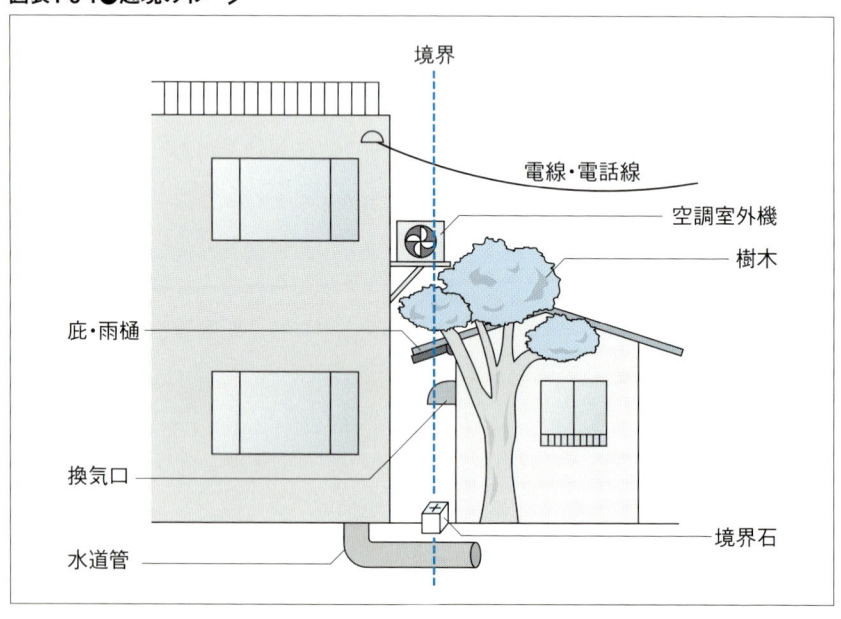

映した適切な価格であれば取得し、先行きが不明であれば投資しないと判断すればよいのです。

仲介会社やデューデリジェンス会社（以下、調査会社）に依頼すれば、登記内容の調査や売り主へのヒアリングをしてもらえます。しかし、自ら現地に足を運ぶことも大切です。地図や写真ではわからなくても、現地に行って発見できることも多いのです。建物の裏にダンボール箱が山積みされていれば、何者かが何らかの目的で使用していることに気がつきます。空を見上げて高圧線があれば、地上権が設定されていると推測できるでしょう。敷地の角に境界石が設置されていなければ、境界承諾が得られていない可能性があります。

不動産の専門的な知識をもっていない人でも、現地を見て何となく違和感がある場合には、そこに権利に関する問題が横たわっている場合が少なくないのです。基本的なことですが、何度でも現地を見て、納得できるまで売り主や調査会社に確認を求めることが重要です。そのような意味では、現地調査を丁寧に行うことをポイントに、調査会社を選ぶのも一つの方法です。

2
共有、区分所有

共有物件や区分所有物件（**図表1-3-2**）は、単独で完全な所有権を有している物件に比べ、売却処分の際の流動性が劣るとみなされ、以前は投資対象として向かないものとされてきました。しかし最近では状況が変わり、共有や区分所有の物件への投資も増えてきています。再開発によりAクラスビルと呼ばれる大型の優良ビルが建築されると、共有や区分所有になることが多いのです。

これらは、従来の共有などによるデメリットを差し引いても、なお収益面での魅力に満ちているので、不動産投資の活発化に伴ってこのようなビルへの投

資が積極的に行われるようになってきたわけです。また、投資ノウハウが蓄積されてきたことを受けて、Ａクラスビルでなくても共有や区分所有の物件に対する投資がなされるようになってきました。将来の単独所有や再開発を前提に取得するケースもみられます。そして、そのような売買が増えるにつれて、流動性に劣る共有や区分所有の物件という従来の認識が薄れ、単独所有権に近い感覚で取引されてきています。

　J-REITの保有物件の中にも、共有や区分所有の物件は珍しくありません。オフィスなどでは高額な取引となることも珍しくないため、スポンサー企業から持分の譲渡を受けたり、専有部分の一部を譲り受けるということもしばしばあることです。2006年5月末時点の共有や区分所有の物件の全J-REIT保有物件に占める割合を三菱UFJ信託銀行が調査したところ、金額ベースで約25％に上ることがわかりました（**図表1-3-3**）。

図表1-3-2●共有と区分所有の違い

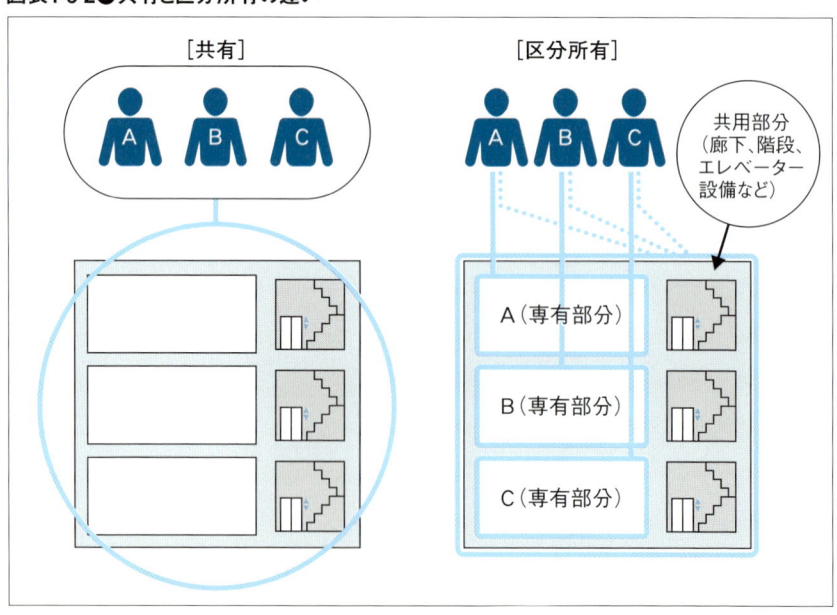

図表1-3-3●J-REIT保有物件に占める共有、区分所有物件の割合(2006年5月末)

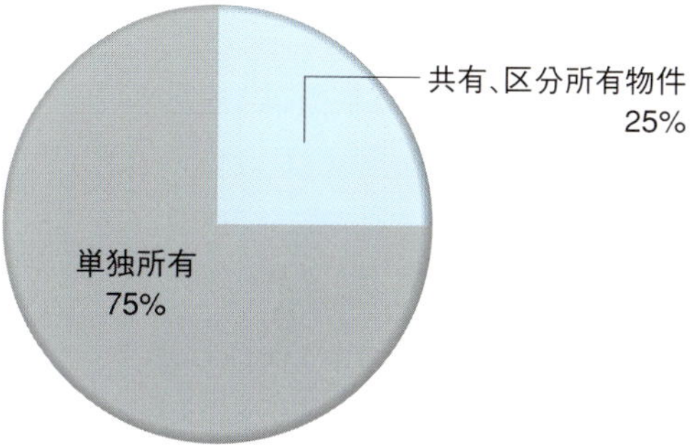

共有、区分所有物件 25%
単独所有 75%

資料:J-REITの開示情報を基に三菱UFJ信託銀行が作成

　このように、投資対象として認知されるようになってきた共有物件や区分所有物件ですが、共有や区分所有であることに由来する使用・収益・処分の制限や管理上のリスクがなくなったわけではありません。以下では、それらの主なリスクについてみていきましょう。

共有物件

　共有物件では、単独で完全所有権を取得している場合と違って主に次のような法律がかかわってきます。

　①各共有者は、共有物件の全部について、その持分に応じて使用することができます(民法249条)。これは、例えば別荘の共有者が3人いた場合に、別荘の3分の1の部分しか使えないのではなくて、各人とも別荘の全部を使えるということです。しかし、この状態では3人の利用が重なる可能性がありますので、現実には利用期間を3分の1ずつに区切るなどの調整が必要になります。

　②共有建物において大規模な増改築を行う場合や、共有土地を造成するような場合(共有物の変更)には、全員の同意が必要です。なお、共有物件全体を売却する場合(共有物の処分)に、全員の同意が必要なことはいうまでもありません(民

法251条)。ただし持分の譲渡は共有者の同意を必要とせず、自由に行えます。

③共有物件の管理に関する事項は、各共有者の持分の価格の過半数によって決められます(民法252条)。例えば、価格6000万円の建物の共有者がA、B、Cの3人いるとします。それぞれの持分がA1000万円、B2000万円、C3000万円のとき、合計で3000万円を超える持分を有する人の同意が必要だということです。つまり、この場合にはAやBが同意しても、持分が半分を超えていないので、Cが同意していなければ管理行為はできないのです。

管理行為とは、共有物件の利用や改良に関する事項といわれ、"賃貸借契約の解除"がこれに該当します。一方、"賃貸借契約の締結"は一定の条件下で管理行為と認めた判例がある一方で、②で説明した変更行為であるという解釈もあります。全員の同意が必要な変更・処分行為と、過半数の同意でよい管理行為の境界線はあいまいなところがあり、注意が必要です。

④各共有者は、共有物件の保存に必要な行為は、ほかの共有者の了解を得ずに実施できます(民法252条)。管理に関する事項の中でも、例えば建物の雨漏りを止めるための屋根の修繕や、定期点検などは単独でできるということです。

⑤各共有者は、原則として、いつでも共有物件の分割を請求することができます(民法256条)。例えば3人で共有している土地を三つに分筆して単独所有するという請求ができるということです。

このように、共有の不動産に投資するためには、ほかの共有者と管理や処分の方法について取り決めておかなければ、うまく運営できません。また、一度その取り決めが協定書の形で成立すると、その内容に拘束されるため、自分の一存で方法を変えることができません。自分の意思で自由にならないということは、投資戦略面で重い足かせとなります。

また、キャッシュフローにおいても共有ならではのリスクが発生します。共有であれば、テナントからの賃料は持分に応じた分だけ受け取る権利がありますが、テナントに対して共有者ごとに分けて賃料を振り込むように求めても、まず受け入れてもらえません。そうなると代表的な共有者1者か、中立な第三者が、いったん賃料を受け取ることになります。

　その者が事務を間違えたり、倒産してしまったりというリスクが介在するわけです。敷金の受け払いや管理経費の支払いにおいても同様です。このリスクを軽減するためには信用力の高いPM会社に出納事務を委託したり、信託銀行などに資金管理を代行してもらう方法があります。

　共有持分の処分は、原則として自由にできます。従って、共有の相手方が自分の望ましくない第三者に持分を売却してしまうことは一つのリスクです。このリスクを避けるために、共有の不動産では売却に一定の制限を加えるように取り決めてある場合が少なくありません。具体的には、売却の際にほかの共有者との関係で承諾や通知を必要としたり、先買権や優先交渉権を付与するといった方法です。ただしこのような取り決めは、出口戦略の自由度を小さくすることにもつながるので注意が必要です。

区分所有物件

　マンションのように、一棟の建物において構造上区分された数個の部分で、独立して住居、店舗、事務所その他の用途に供される建物の部分を**専有部分**といい、この部分を対象とする権利を**区分所有権**といいます。また区分所有建物のうち、専有部分以外の建物部分を**共用部分**といいます。共用部分の主なものとして、階段、廊下、エレベーターがあります。

　区分所有建物では、すべての専有部分について単独で所有している場合には特段問題とはなりません。しかし、そうでない場合には単独で完全所有権を取

得している場合と違って、主に以下のような法律関係が生じます。

　①区分所有者は、持分に関係なく共用部分全体を用法に従って使用できます（建物の区分所有等に関する法律13条）。当然のことですが、マンションの区分所有者が50人いた場合に、持分割合に応じてエレベーターの使用回数が制限されるわけではなく、エレベーターを使用する権利を等しく有しているということです。

　②共用部分の変更をする場合は、原則として区分所有者および議決権の各4分の3以上の多数により集会で決議され、軽微なものについては各過半数により決議されます（同法17条）。また、処分に関しては法律で別段の定めのない限り専有部分と分離して処分することはできません（同法15条）。例えば共用部分である階段室をエレベーター室に変更するなど大規模な増改築を行う場合は原則として4分の3以上の同意が必要です。共用部分だけを分離して売却することもできません。

　③変更に至らない共用部分の管理に関する事項は、規約で別段の定めをしたときを除いて、集会で区分所有者および議決権の各過半数によって決します（同法18条、同法39条）。例えば外壁の改修工事をする場合には、過半数の同意が必要です。

　④各区分所有者は、共用部分の保存に必要な行為をほかの区分所有者の了解を得ずに進めることができます（同法18条）。管理に関する事項の中でも、例えば窓ガラスの破損修理など現状維持を目的とする行為は単独で行うことができるということです。

　⑤各区分所有者は、共用部分の分割を請求することができません（同法12条、同法15条）。例えば、区分所有者が10人いるマンションで、階段を10個に分割

して一部を単独所有にしたいという請求はできません。

⑥建物の一部が滅失したときも、集会で各区分所有者および議決権の各4分の3以上の多数による決議がない限り、滅失した共用部分を復旧することができません（同法61条）。

⑦建物の老朽化、損傷、一部滅失などによって建て替えの話が出たときも、

> **コラム**
>
> **複雑な権利関係**
>
> 　A社は不動産投資の目的で、B社が所有するターミナル駅近くの立体駐車場を購入することにしました。この立体駐車場は、近くにある大規模小売店C社が買物客のために一括で賃借しており、大型で賃料も高いため、かなりの高利回りが期待できる魅力的なものでした。
> 　ところが調べていくと、権利関係に問題があることがわかりました。この立体駐車場の建物部分は、B社と個人地主P氏の共有になっていたのです。加えて、土地はB社単独所有の部分とP氏単独所有の部分が、組み合わさっています。土地は「分有」、建物は「共有」という複雑な所有形態でした。駐車場の賃料は、持分に応じて受け取ることになっていて、経済的には、高利回り物件であることには変わりありません。
> 　最大の問題は、B社とP氏との間に、「売るときは、相手方に買い取りの意思がないことを確かめること」と定めた覚書が存在していることでした。B社はすでにP氏に申し出をしていたのですが、なかなか返答がもらえません。うわさでは相続権のある子息を巻き込んだ問題になっているようです。
> 　成り行きをみているうちに、A社は不安になってきました。A社は、この投資の期間を5年と考えていて、5年後に売却する意向です。立体駐車場は、投資利回りとしては非常に魅力的なのですが、5年後にP氏の交渉がもつれれば売却のタイミングを逸してしまうおそれがあります。もし、その時に相続が発生していると、交渉相手が複数になり、ますます混乱する可能性があります。
> 　A社が購入をキャンセルしようと真剣に考え始めたとき、P氏から「自分が買い取る」という回答が出ました。銀行に借り入れの相談をしていたので、時間がかかったとのことです。P氏の買い取りの意思表示が優先することになり、結果的にA社は立体駐車場を購入することにはなりませんでした。権利関係が不動産の利用や処分に負の影響をおよぼす可能性がある場合は、手を出さない勇気も必要です。

集会において各区分所有者および議決権の各5分の4以上の多数による決議がない限り、新たに建物を建築することができません（同法62条）。

　区分所有では、共有に比べて専有部分を使用する自由度は格段に高く、投資物件として考えた場合、賃料やリーシング方針は、ほぼ思い通りに決めることができます。しかし共用部分は、これまでに説明したような制約があるうえに管理規約にも縛られます。十分な議決権を持っていなければ、管理や修繕は自分の思い通りになるとは限らず、共有と同様のリスクが残ります。

　また、専有部分も基本的に自由であるとはいっても、管理規約で処分の方法や利用方法、用途に一定の制限が設けられることがあり、そのリスクは共有の場合と同じです。例えば、住宅部分を事務所として使用するのを禁止しているマンションがあります。また、1階部分の広いスペースを事務所としての使用に限定して、不特定多数が出入りする店舗としては使用できないというルールを設けているケースもあります。投資物件として考えた場合、このような制約は次のテナントを誘致する支障となりますので、取得時にそのリスクを織り込んで売買価格やキャップレートを算出する必要があります。

　仮に管理規約が満足できる内容だったとしても、ほかの区分所有者が、負担すべき修繕積み立てや保険料の支払いを実行しないと、全体の運営に支障が出てしまいます。従って、ほかの区分所有者がどのくらいの信用力や履行能力を有するのか、可能な限り調べておくことが望まれます。

3
借地権

普通借地権
　地主O氏が所有する土地を借り、その上にマンションを建設して賃貸運営し

ていたA氏は、ほかの事業の資金を捻出するためにこの不動産を手放すことにしました。幸い不動産市場が活発化してきており、ある不動産ファンド運用会社から、予想を上回る価格で引き合いがありました。地主のO氏も、当初は借地権の譲渡について承諾してくれそうな反応でした。ところが買い手の不動産ファンドの説明では、SPCのしくみを使って購入するので建物と借地権をいったんA氏から信託銀行に信託し、その信託受益権を売買することが条件でした。A氏は、買い主も交えて何度もO氏を説得しましたが、複雑なスキームに不信感を抱いたO氏は結局、譲渡を認めず、売買の話はご破算となりました。

　不動産は、所有された土地の上に建物が建っている物件（完全所有権）ばかりでなく、借地の上に建物が建っている物件（借地権付き建物）も多くあります。不動産投資として考えた場合、借地権付き建物の方が価格が低いのが一般です。賃料は借地権付き建物でも完全所有権の建物でも同等なので、借地権付き建物の方が同じインカムゲインを得るのに少ない初期投資額で済むことになります。

　一方で借地権付き建物は、地代を地主に支払わなければなりません。完全所有権と違って土地の固定資産税を負担する必要はありませんが、地代は一般に固定資産税の数倍になり、契約によっては更新料も発生します。

　一般に、借地権といった場合には普通借地権を指すことが多いようです。普通借地権は借地借家法によって、借地権者が利用を続けることに関して、かなり強い権利が認められています。それでも、底地（土地）所有者の正当な理由によって借地権の更新が認められないケースや、第三者対抗要件を具備していない場合に、競売にかけられて落札者に対抗できなくなるケースなど、法的な不安定さは残っています。

　実務上、最も大きな制約となるのは譲渡時における地主の承諾です。ほとん

どの借地契約では、借地権とその上の建物を譲渡する際には地主の承諾を必要とし、また慣行的に譲渡承諾料の支払いが発生します。地主の承諾が得られない場合は、裁判所に地主の承諾に代わる許可を求めることができますが、売買に合わせてタイムリーに手続きを進められるかどうかはわかりません。従って、借地権付き建物の売却を検討する際には、借地権譲渡の承諾が得られるよう、周到な準備が必要となります。

定期借地権

定期借地権は1992年に施行された新借地借家法で新設された制度です。普通

図表1-3-4●借地権の種類

借地権の種類		借地期間	利用目的	特別な手続き	期間満了時
定期借地権	一般定期借地権	50年以上	建物所有	公正証書などの書面で更新排除などの特約を結ぶ	期間満了時に借地人は建物を収去して土地を明け渡す。借地人の建物買取請求は不可
	建物譲渡特約付き借地権	30年以上	建物所有	建物譲渡特約を結ぶ。建物に仮登記を行うことが一般的	相当の対価で建物所有権は地主に移転。借地人は請求により譲渡した建物の借家人になれる
	事業用借地権	10年以上20年以下	「事業用」建物の所有（住宅は不可）	公正証書による設定契約を行う	期間満了時に借地人は建物を収去して土地を明け渡す。借地人の建物買取請求は不可
普通借地権		30年以上	建物所有	―	正当な理由がない限り原則として更新。更新されない場合には、借地人は地主に建物の買取請求ができる

資料：借地借家法などを基に三菱UFJ信託銀行が作成

借地権との大きな違いは、あらかじめ設定した契約期間が満了した際に、地主側の正当な理由の有無にかかわらず、借地人は土地を地主に返還しなければならないということです。なお、定期借地権には**一般定期借地権**、**建物譲渡特約付き借地権**、**事業用借地権**の3種類があります（**図表1-3-4**）。

定期借地権は、当初は住宅や店舗といった比較的、耐用年数の短い建物の敷地を確保する手段として活用されました。最近では、一般定期借地権の上に大型のオフィスビルが建設され、それが不動産ファンドで取引される例も出てきています。

定期借地権付き建物の場合、借地期間満了時に再契約がなされなければ、建物譲渡特約を結んでいない限り、建物を取り壊したうえで土地を明け渡さなければなりません。理論上、その時点での借地権付き建物の価値がゼロ（あるいは取り壊し費用分だけマイナス）になります。

例えば、契約期間が50年だった場合に、50年後に価値がゼロになる可能性のある物件は、5年後、10年後、15年後にどのように評価されるべきなのでしょうか。理論的な価格は算出できるかもしれませんが、このような物件の市場での評価はまだ定着していません。売却時に大きな不確実性を有しているといえます。

4
売り主の信用と責任

不動産投資にあたって取得時に注意しなければならないリスクとして、売り主の信用の問題があります。売り主の信用力が影響するリスクには大きく分けて、契約から売買代金決済までに関するもの、売買契約の有効性に関するもの、そして瑕疵担保責任の履行に関するものがあります。

契約から売買代金決済まで

　不動産の取引では、取引日に売買代金の全額を支払うと同時に不動産の引き渡しを受けて登記を行う**一括決済**の方法があります。先に手付け金を授受して売買契約を結び、後日、残りの代金の支払いと不動産の引き渡しを行う方法は**手付・残金決済**と呼ばれています。

　売り主の財政状況が悪いと、契約をしても決済日までに物件を第三者に差し押さえられたり、売り主自身が倒産してしまうことがあります。このような場合、売買契約書に手付け金の返還や違約金の支払いを定めてあったとしても、履行されるかどうかはわかりません。履行されなければ契約までの準備が無駄になり、投資機会を失うことになります。

　なお、売り主の財政状況に特段問題がみられなくても、市民社会の秩序や安定に脅威を与える反社会的勢力である場合には、後々のトラブル防止や資金供給を根絶させる観点から、絶対に取引をしてはなりません。反社会的勢力の資金稼ぎの手口は年々巧妙化しており、反社会的勢力かどうか簡単にはわからないケースも増えてきています。取引にあたっては十分に相手を調査する必要があります。

売買契約の有効性

　無事に不動産の引き渡しを受けて取得に成功したと思っていても、後からその有効性を否定される場合があります。

　売り主が個人の場合によく問題になるのは、**行為能力**です。個人（自然人）は、原則として自由にその所有物を処分できる地位が与えられているのですが、民法は一定の行為能力が制限されるものとして、**未成年者**、**成年被後見人**、**被保佐人**、**被補助人**を定めています（91ページのコラム参照）。これらの者が行う法律行為は、代理人や裁判所による一定の手続きを踏まえていないと、

コラム

制限能力者

行為能力とは、法律行為を単独で有効に行うことができる法律上の地位や資格のことをいいます。行為能力が制限される者を**制限能力者**と呼び、民法では以下に示す四つの類型を規定しています。制限能力者と疑われる人と取引する場合には、慎重に本人確認を行い、もし該当することが判明した場合には、保護者の同意を得るか代理人と売買交渉を進めるなどの必要があります。

制限能力者の主な内容

		未成年者	成年被後見人	被保佐人	被補助人
要件		20歳未満の者	精神上の障害により事理を弁識する能力を欠く常況にある者	精神上の障害により事理を弁識する能力が著しく不十分な者	精神上の障害により事理を弁識する能力が不十分な者
保護者		法定代理人（親権者・未成年後見人）	成年後見人	保佐人	補助人
保護者の権限	代理権	財産に関するすべての法律行為	財産に関するすべての法律行為	当事者が申し立てにより選択した特定の法律行為について、家庭裁判所の審判により代理権が付与される	当事者が申し立てにより選択した特定の法律行為について、家庭裁判所の審判により代理権が付与される
	同意権	次の①〜③以外の行為 ①単に権利を得、または義務を免れる行為 ②法定代理人が処分を許した財産の処分 ③許可された営業に関する行為	同意を得ての本人の行為という形態を予定していないので、同意権は問題にならない	民法13条1項各号記載の行為。さらに家庭裁判所の審判により定められた特定の法律行為	当事者が申し立てにより選択した特定の法律行為について、家庭裁判所の審判により同意権・取消権が付与される
	取消権	○	○ 「日常生活に関する行為」を除く	○	

資料：民法などを基に三菱UFJ信託銀行が作成

後で取り消される可能性があります。

　また、相続がきっかけで不動産が売買される場合は、対象不動産を誰が相続するのか、遺産分割協議書を確認しておかなければなりません。これを怠ると「真の相続人」から対象不動産の返還を求められる可能性があります。

　売り主が法人の場合は、契約の相手方の商業登記簿謄本、会社定款、代表者の印鑑証明書の確認は最低限必要ですし、その法人が正しい手続きで売却決定をしているか、確認を求めていく姿勢が必要です。例えば、相手が株式会社であれば、取締役会議事録の開示を交渉してみる方法もあるでしょう。

瑕疵担保責任の履行

　1章2節で紹介した不動産の欠陥・瑕疵に関するリスクを回避する方法の一つに、売り主に瑕疵担保責任（通常の注意をしても気がつかない欠陥があった場合に売り主が負う損害賠償などの責任）を追及する道を残しておくことが挙げられます。隠れた瑕疵についての瑕疵担保責任は民法に規定されていますが、さらに宅地建物取引業法（宅建業法）や住宅の品質の確保の促進等に関する法律（品確法）によって強化されています。

　例えば民法では、売り主が負うべき瑕疵担保責任の免除や期間短縮の特約が認められます。一方、宅建業法では、売り主が宅地建物取引業者（宅建業者）で買い主が宅建業者でない場合、引き渡しの時から2年間は売り主が瑕疵担保責任を負うこととする、買い主保護規定を課しています。

　品確法では、新築住宅の売買に際して、基本構造部分（建物の基礎、壁、柱などの構造耐力上主要な部分や、屋根、外壁などの雨水の浸入を防ぐ部分）について、引き渡しの日から10年間、瑕疵担保責任を負わなければならないと定めているほか、買い主が瑕疵修補を請求できることを明示しています。

このように瑕疵担保責任は、個人が宅建業者から住宅を購入する場合や新築住宅の取引の場合は比較的、手厚い保護が規定されています。しかし、宅建業者と宅建業者の取引、宅建業者でない者が売り主となる場合、新築でない建物の取引では、契約自由の精神が尊重され、瑕疵担保責任が限定あるいは排除されるケースが多くあります。このような取引では、売り主は瑕疵担保責任を負うのを嫌がることが多いので、買い主にとっては、瑕疵担保責任をどの程度まで売り主に負わせられるかが交渉のポイントになります。

　隠れた瑕疵ではなく、顕在化している瑕疵については、売り主に**表明保証**させる方法があります。例えば、「建物の耐震強度については提出した資料の通りである」ということを表明させておきます。もし、それと異なる事実が判明した場合は、実際に耐震強度不足かどうかといった判定を待たずして、表明保証

コラム

スーパーマーケットの証券化と真正売買

　ある大手スーパーマーケットは、所有する店舗不動産のいくつかを証券化しました。店舗をSPCに売却して売却代金を財務改善に充てる一方で、店舗をSPCから賃借（**セール・アンド・リースバック**）することで、営業を継続できるようにしたのです。そしてこのSPCに対して投資家が出資をしました。

　ところがこのスーパーは、しばらくすると会社更生法を申請して倒産してしまいました。当初、SPC側の投資家は、スーパーが倒産しても賃料は変わりなく支払われるものだと考えていました。なぜなら、スーパーが更生するためには店舗営業の継続が不可欠であり、そのために発生する債権はSPCが優先的に回収できるものだからです（**共益債権**）。

　ところが、スーパーの更生管財人は、この証券化にかかわる取引は、売買でなくて不動産を譲渡担保に取る金融取引だったのであり、賃料債権は**更生担保権**であると主張したのです。更生担保権であると認められると、更生計画に組み込まれて賃料の支払いが停止し、また、支払いが再開しても大幅な減額が余儀なくされるおそれがあります。

　管財人側と投資家側が真っ向から対立した末、最終的には和解しましたが、**売買の真正性**はかくも基準が定め難いものなのかと、大きな波紋を引き起こしました。

違反の責任を売り主に求めることができます。

　しかし、いくら契約上で瑕疵担保責任を手当てしても、売り主の履行能力がなければ意味がありません。耐震偽装マンションの例のように、分譲した会社が倒産してしまっては救済が受けられないからです。最近は売り主がSPCで、不動産の売却後はSPCを清算してしまうという例が増えています。これでは、瑕疵担保責任を追及する主体が不在となってしまいます。このようなSPC間の売買では、**オリジネーター**と呼ばれる証券化前の所有者や、SPCを実質的に運営しているアセットマネジャー（AM）から、瑕疵担保や表明保証に準じた責任を履行してもらえるように交渉していく方法があります。

真正売買否認のリスク

　これまで述べたことは、法律行為として取り消しまたは無効を主張されるリスクです。これより少し複雑なものとして、**真正売買**を否認されるリスクがあります。通常、買い主が所有権を取得してしまえば、その後に売り主がどうなろうと、買い主は影響を受けないはずです。ところが、本当は売買ではなく、不動産を担保に取って資金を貸し付けていることと実質的に同じだと判断されると、買い主に思わぬ不利益が及ぶことがあります。特に、不動産証券化という複雑なしくみの中では、このようなリスクが内包されやすくなります。

　このリスクが顕在化した例として、あるスーパーの証券化に関連して起こった賃料支払い停止事件があります（93ページのコラム「スーパーマーケットの証券化と真正売買」参照）。

5
信託受益権

　不動産を取得する際に、所有者が信託銀行名義になっていることがありま

す。売買の際に、「信託受益権で売買しましょう」と持ちかけられることも増えています。信託受益権による取引にはどのような利点があるのでしょうか。信託とは、財産の所有者(委託者)が財産を他人(受託者)に移転し、第三者(受益者)のために管理するしくみのことをいいます。

信託制度の特徴としては主に次の要件が挙げられます。①他人による財産管理・処分のための制度で、②財産権は委託者によって受託者に移転され、受託者はその名義人となり、③受託者は信託財産について対外的に唯一の管理・処分権者となり、④受託者の任務の遂行、権利の行使は信託目的に拘束され、受益者のために行わなければならず、⑤信託財産は受託者から独立し、⑥いったん成立すれば受託者が死亡、辞任しても信託は存続する(もちろん新受託者の選任手続きが取られる)。

図表1-3-5●信託受益権売買による不動産の取引の手順

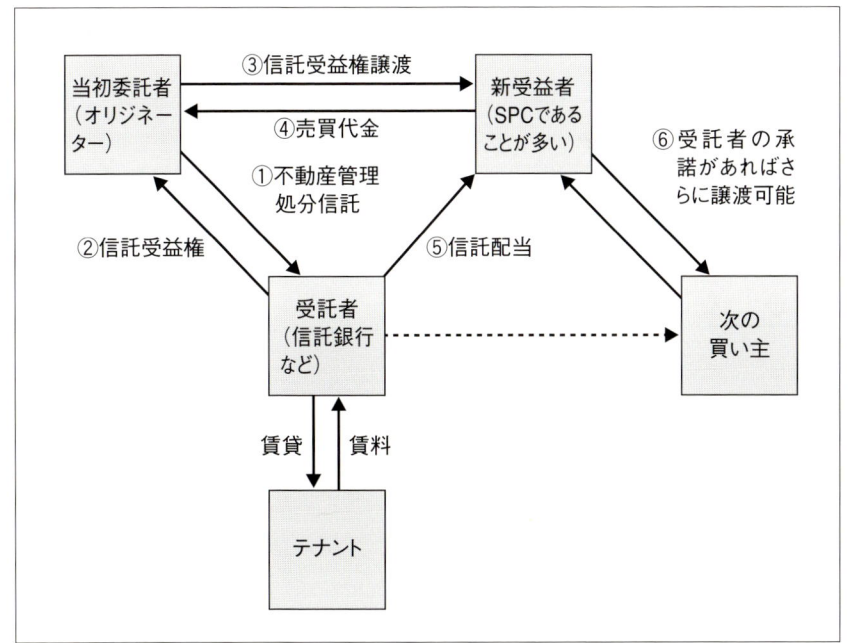

登場人物:
- 当初委託者(オリジネーター)
- 新受益者(SPCであることが多い)
- 受託者(信託銀行など)
- 次の買い主
- テナント

取引の流れ:
① 不動産管理処分信託
② 信託受益権
③ 信託受益権譲渡
④ 売買代金
⑤ 信託配当
⑥ 受託者の承諾があればさらに譲渡可能

受託者とテナントの間:賃貸/賃料

これを不動産信託に置き換えて説明すると、ある不動産を所有している人（委託者）が、その不動産を信託銀行などの信託免許をもった会社（受託者）に対して信託譲渡し、一定の目的に従って受託者に当該不動産の管理または処分を行わせる制度といえます。そして、不動産の管理または処分の結果、得られる収益（不動産賃貸収入、不動産売却益）を受け取る人を受益者といい、この収益を受け取る権利のことを不動産信託受益権と呼びます。つまり不動産信託は、不動産の所有者が行うべき不動産の管理や処分について、受託者が自ら所有者として代行していく制度といえます。

　受益権には譲渡性が認められているため、不動産信託受益権も原則として譲渡することができます。この際、買い主が不動産信託受益権を保有する場合と、現物の不動産を保有する場合とでは、ほぼ同様の経済効果を得ることができます（**図表1-3-5**）。

　また、不動産信託の設定にあたっては、委託者から受託者への所有権の移転の登記がなされますが、これだけでは受託者の固有の財産と間違ってしまうおそれがあるので、受託者が信託関係によって拘束されていることを第三者に公示するための登記が必要となります。これを**信託目録（信託原簿）**といい、登記簿の一部として扱われています。従って所有者が信託銀行などであっても、登記原因が信託である場合には、受託者固有の財産ではないことになります。このため実質的な所有者（受益者）が誰であるのかを知りたい場合には、登記簿と一緒に信託目録を請求しなければなりません。

　以上のように、不動産信託受益権の取引では、不動産の法律上の所有者は信託銀行などの受託者となるため、受託者は所有者としての責任を一次的に負う立場になります。事故や災害で建物に関連して第三者に損害を与えれば、工作物責任を負います。違法建築物件を受託していれば、行政から是正命令を受ける可能性があります。従って、多くの信託銀行などの受託者は、不動産の信託

図表1-3-6●不動産売買における信託受益権の割合

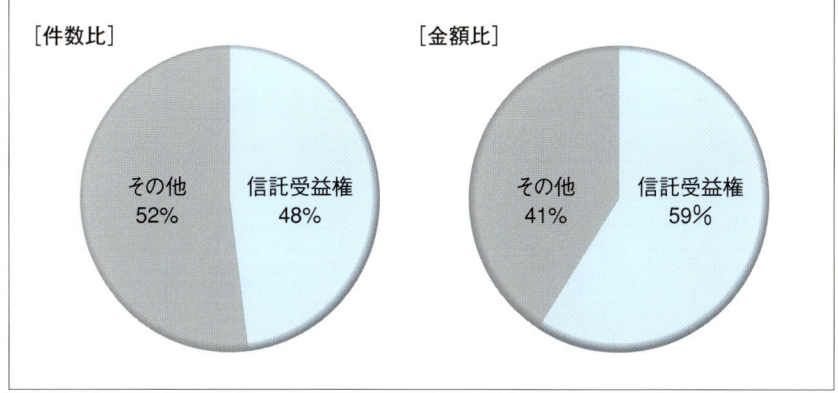

[件数比]
その他 52%
信託受益権 48%

[金額比]
その他 41%
信託受益権 59%

資料：東京証券取引所の適時開示情報のうち、取引金額が明らかになっているものを三菱UFJ信託銀行が集計

を受ける際に不動産の欠陥や瑕疵について一定水準のチェックを行っており、基準に達しないものは受託しません。信託受託のリスクチェックの基準は、投資家の目線と必ずしも同じではありませんが、投資の際は信託受益権化を通じてリスク判断の参考にする場合もあるわけです。

参考までに、2005年4月～2006年3月に開示された不動産売買の中身を紹介します。件数にして48%、金額ベースだと59%もの取引が、信託受益権での取引となっています（**図表1-3-6**）。この数字を見る限り、信託受益権での取引が現物の不動産の取引と同様に広く普及していることが、おわかりいただけるでしょう。

それではなぜ、信託銀行などに手数料を払ってまで信託受益権での取引を行うのでしょうか。

一つ目の理由としては、現物不動産を譲渡する場合と比べて**不動産流通税**（**不動産取得税**、**登録免許税**など）が軽減されることが挙げられます。ただし、今後の税制改正によって軽減の幅は縮むことが予想されるので注意が必要です。

二つ目の理由は、不動産特定共同事業者としての申請が不要になることです。SPCが不動産から得られる収益を投資家に分配するには、**不動産特定共同事業法**という法律が適用されます。この場合、資本金1億円以上の宅地建物取引業者であることなど、厳しい要件が課せられます。しかし信託受益権を原資産として収益を分配する場合はこの法律の適用を受けないので、許可は不要となるのです。

　三つ目の理由は、不動産の所有者である信託銀行などの受託者が不動産処分・資金化の責務を負うので、運用の出口の場面において売却の確実性が高まることが挙げられます。

　信託銀行は、不動産管理業務で培ってきた運営管理に関するノウハウや、不動産仲介業務で培ってきた売却のノウハウ、そして幅広い取引先をもっているので、不動産の管理・処分を任せるのに適しています。信託には手数料も必要なため、案件によってはコストに見合わないこともあるかもしれませんが、不動産投資における取得・管理・処分の各局面において信託銀行をパートナーとして考えてみることも、リスク軽減の選択肢の一つといえるでしょう。

ポイント整理

関係者の権利義務や信用に関するリスクと対応策

1. 不動産を取得する際は、担保権や用益権といった第三者の権利がついていないか注意する必要があります。

2. 隣地との境界承諾が取れていない土地を取得すると、承諾に時間がかかったり、面積が減少したり、売却の際に不利になるおそれがあります。

3. 権利関係をめぐる問題を発見するには、能力のある売買仲介会社やデューデリジェンス会社に調査を依頼するのが得策です。自ら現地に足を運んで、不自然なことがないか確認する姿勢も大切です。

4. 共有や区分所有の物件は、以前に比べて取引しやすくなってきていますが、利用や処分に関して制限がある物件が少なくないので、注意が必要です。

5. 借地権付き建物の売買にあたっては、借地権の譲渡について地主から承諾が得られない場合があることに気をつける必要があります。

6. 不動産の売買では、売り主の行為能力や意思決定の問題で、取り消しや無効になる場合があります。また、真正売買が否定されると、後に売り主が倒産した場合に損害を受けるリスクがあります。

7. 購入する物件に瑕疵があった場合に備えて、売買契約で瑕疵担保責任や表明保証を定めておくことが望まれます。

8. 最近では、不動産を信託受益権の形で売買することが増えています。この方法を使うことで税の軽減や証券化が容易になるといった効果が見込めます。

2-1

第2章　保有・運用時のリスク

不動産経営に関するリスクと対応策

1 収益変動リスク……………………102
2 価格変動リスク……………………106
3 金利変動リスク……………………113
4 税制改正リスク……………………115

ポイント整理………………………………120

コラム　イールドギャップの推移………………110
コラム　不動産鑑定評価………………………118

2-1

不動産経営に関するリスクと対応策

1
収益変動リスク

　不動産投資をするにあたっては、取得時に投資戦略を練り、入口から出口までのストーリーを描いて投資をスタートします。しかし、長い投資期間中には、思った通りにいかないこともたくさん出てきます。大きな問題として、収入が伸びない、または、収入が下がるという現象があります。これは賃料単価の問題と空室の問題の二つに分けられます。

　図表2-1-1は丸の内・大手町・有楽町エリアの賃料推移です。バブル期を境に上昇から下落へと転じていることがおわかりいただけるでしょう。

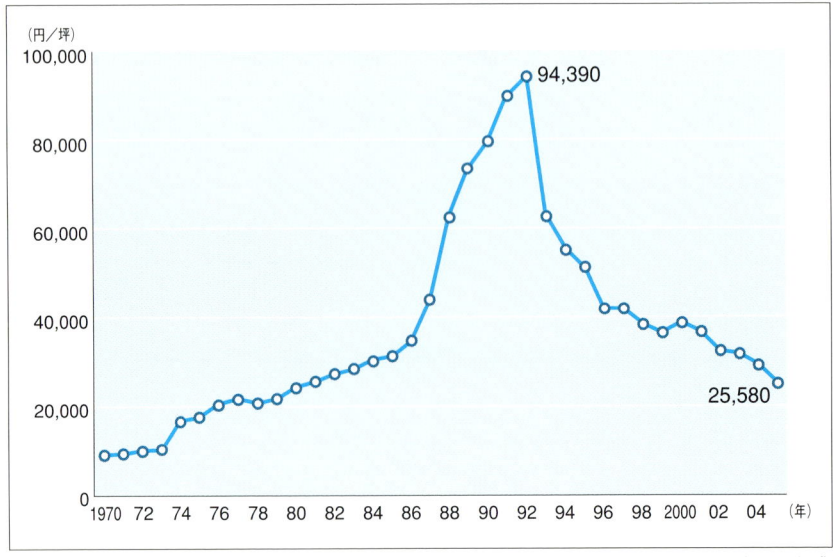

図表2-1-1●丸の内・大手町・有楽町エリアのオフィス賃料推移

資料：生駒データサービスシステムのデータを基に三菱UFJ信託銀行が作成

賃料単価が下がっていくということは、具体的には、契約更新時期にテナントから賃料引き下げ交渉を持ち出される、または、テナントが退去した後に同じ賃料では入居者が入らない、といった現象となって出てきます。賃料水準が、個別不動産の特殊な事情によるものであれば、その原因を取り除けばよいのですが、原因が不景気によるものだと、オーナー自身の努力では、いかんともしがたいところがあります。

　景気が悪化した際に賃料をなるべく下げない方法として、長期の契約に切り替えていく方法があります。特に賃料の上昇時は貸し手市場ということですから、テナントに対して強気の交渉が可能です。賃料引き上げを材料にしながら、長期間かつ固定賃料の定期借家契約（契約時に定めた期間の満了によって確定的に終了する借家契約）を結ぶことで、賃料下落を回避できます。ただし、この方法で賃料を固定してしまうと、下落を回避できる代わりに、その後の賃料引き上げも望めなくなります。従って、定期借家契約がすべての面で優れているわけではないので注意が必要です。

　住宅では、オーナーがリーシング会社から賃料保証を受けることがあります。また、固定賃料でマスターリース（不動産会社などに一棟貸ししたうえで不動産会社などが個別テナントに転貸するしくみ、38ページのコラム「マスターリースとサブリース」参照）させる手法がよく採られます。オーナーにとっては賃料が安定するので安心ですが、間に入る会社が一定の利益を取るため、収益性は低くなります。どちらかというと個人投資家向けのリスク回避策ですが、プロの投資ファンドでも、竣工したばかりでこれから賃借人を募集するというような賃貸マンションを買うときには数カ月間、賃料保証させる例が少なくありません。

みかけの賃料水準を変えないフリーレント
　テナントが退去した後、なかなか空室が埋まらない場合は、その原因を考えてみる必要があります。賃料の下落局面では、そのビルの募集賃料がほかのビ

ルに比べて割高になっていることが多いものです。その場合は、賃料水準を下げてでも空室を埋めなくてはならないのですが、あからさまに募集賃料を下げて広告を出したりすると、それを見た同じビルのテナントから、「自分のところの賃料も下げろ。不公平じゃないか」と切り出され、問題が飛び火してしまいかねません。そういった場合は、**フリーレント**（賃料を一定期間無料にするサービス）を実施することで、表面上の賃料は変えずに新規テナントの負担を減らして誘致する手法が有効です。

ときには空室が埋まらない原因として、ビルの仕様に問題がある場合があります。老朽化して見栄えが悪い、内装が陳腐化している、OA床でない、電気容量が足りない、空調が快適でない、トイレが旧式、などの問題です。こういったビルを内覧に来たテナントは、賃料以前の問題として借りたいと思ってくれません。こうなってしまったら、リーシングを急がずに、思い切った**リニューアル工事**を実施することが打開策になる場合があります。その際は、空室部分の改装工事はもちろん、既存のテナントに迷惑をかけない範囲で、エントランスや廊下、エレベーター、トイレ、給湯室などもきれいにします。見込み客の第一印象を良くして契約率を高めるとともに、既存テナントの満足度も高めて新たな退去を防衛するのです。

賃料が下がる、テナントが退去するといった現象は、ある日突然起こるわけではありません。オーナーにとってはある日突然のような出来事でも、テナントは、契約の更新時期を見据えて着々と次なる行動を準備していることが多いのです。景気・不景気の外部要因はコントロールすることができませんが、個別テナントの動きは、ある程度、キャッチすることが可能です。テナントとの過去からの交渉経緯を把握し、次の更新時期までの動きを予測します。**プロパティマネジャー**（収益向上を目指して運営管理を請け負う会社や人）を通じて、テナントの満足度やニーズを調べます。テナントの満足度を維持するように早め早めの対応を積み重ねていけば、ある程度は、賃料引き下げや退去のリスクを

軽減することができます。

管理業務の定期的な評価が欠かせない

不動産投資では、賃貸収入ばかりに目が行きがちですが、費用の変動リスクも軽視できません。不動産の**管理費**には、**外注費**、**水道光熱費**、**清掃費**、**警備費**、**設備関係費**といったものが挙げられます。清掃費や警備費は、人件費が大きな要素を占めるので、人件費が上昇すると同じ仕様の管理でもコストがかさむことになります。また、共用部分の電気代は、猛暑や厳冬の影響を受けて、空調の負荷が高まると上昇します。

不動産投資においては、管理をいったんビル管理会社に委託すると後は任せきりになり、知らず知らずのうちにコストが高止まりしがちです。このリスクを小さくするためには、ビル管理会社の業務について定期的な**業務評価**を実施し、自分の考えた投資戦略を進めていくうえで、その管理方法が過剰または過小でないか、チェックすることが有効です。このことにより、例えば、人件費が上昇したら警備を機械警備に変更するといったような素早い対応が可能になります。さらに、不況が原因で賃貸収入が減少に転じたとき、管理方法を見直してコスト削減を図り、**NOI**（純収益）の減少を抑えることが容易になります。

キャッシュトラップにかからないために

ノンリコースローンで資金調達して不動産を購入すると、銀行などのレンダーから、一定以上の**DSCR**（Debt Service Coverage Ratio）を維持することを求められます。DSCRとは、借入金の返済余力を表す数字であり、年間のNOIを年間の借入金元本返済額と利息の合計額で割って求めます。

$$DSCR = 年間純収益(NOI) \div 年間元利支払額$$

上の式からわかる通り、DSCRが1.0未満になると、年間のNOIで借入金の返

済が賄えなくなります。

　ノンリコースローンでは、投資家や第三者に弁済を求めることができないリスクをカバーするために、銀行などのレンダーは、不動産からのキャッシュフローを優先的に確保する様々なしくみをローン契約に組み込んでいます。DSCRはその代表的なものです。あらかじめ1.2倍とか1.5倍といった基準を決めておき、物件のキャッシュフローが細くなって分子（NOI）が小さくなったり、金利が上がって分母（年間元利返済額）が大きくなってDSCR基準値を下回ったりすると、投資家がもらえるはずの配当金が留保されるようになっています。

　このようなしくみは、投資家からみるとお金を取られてしまうので、**キャッシュトラップ**（罠）と呼ばれています。投資家として、投資期間中に確実なキャッシュフローを手にするためには、こうしたトラップにかからないように、NOIについてきめ細かく配慮して収益計画を立てることが必要となります。

2
価格変動リスク

　先ほど、不動産投資では出口までの戦略を立てることが重要であると述べました。出口戦略では、不動産を売却するしないにかかわらず、その時点での不動産の価値（価格）を想定しておくことが必要となります。出口での価格が想定通りならばよいのですが、当然、マーケットの影響を受けて下がることもあります。

　不動産投資において、価格が下がるということはどういうことなのでしょうか。よく、「不動産の価格は**収益還元法**による**収益価格**が重視されるようになった」という話を聞きます。収益還元法の中で最もわかりやすい手法である直接還元法は、次の式で表せます。

不動産の純収益(NOI) ÷ 利回り(キャップレート) = 収益価格

　この式を見てわかるのは、NOIが上がれば収益価格は上がり、NOIが下がれば収益価格は下がるということです。従って、投資期間中に賃料収入が下がると、不動産の価格も下落することになります。

　しかし、収益価格を左右するのはNOIだけではありません。NOIが変わらなくても、利回りが上昇すれば、収益価格は下がります。利回りとは、不動産の価格に対してこれくらいの収益は欲しいという金額の割合といえます。従って、投資家の多くが、「不動産はリスクがあるので、ほかの魅力的な投資対象と比べて利回りが高くなければ買いたくない」と考えれば利回りは上がり、結果として不動産価格は下落します。

　反対に「不動産は、ほかの投資対象と比べると、将来の成長が見込める資産なので、今は利回りが低くても買いだ」と考えれば、利回りが下がっても売買

図表2-1-2●純収益、利回り、価格の関係

純収益5億円、利回り5%だと、収益価格は100億円
5億円÷5%＝100億円
純収益と利回りが変動すると価格も変動する

(単位：億円)

		利回り(キャップレート)				
		3.00%	4.00%	5.00%	6.00%	7.00%
純収益 (NOI)	3億円	100	75	60	50	43
	4億円	133	100	80	67	57
	5億円	167	125	100	83	71
	6億円	200	150	120	100	86
	7億円	233	175	140	117	100

され、結果として不動産価格は上昇します(**図表2-1-2**)。ここでポイントとなるのは、不動産固有のリスクだけでなく、株や債券といったほかの投資資産との比較で、利回りが影響を受けることです。

　従って収益価格といっても、不動産の収益の増減は一つの要素に過ぎないことがわかります。投資マーケット全体の流れ、金利や為替の動向、これらすべてが利回りを通じて収益価格に影響してくるのです。

　利回りの比較の対象としてよく使われる概念に、**イールドギャップ**という言葉があります。これは、一般にリスクがほとんどないとされる投資の利回り(リスクフリーレートと呼びます)と比べて、ある投資対象の利回りがどのくらい高いかの格差(乖離幅)を示したもので、大きいほどリターンが大きいことを表しています。日本では、リスクフリーレートとして10年国債などの利回りが使われます。

　不動産は、収益を生み出す投資物件だけではありません。自己で所有する居住用の住宅や公共事業のための用地などは、第三者に賃貸して収益を生む不動産ではありませんが、一定の資産価値があるはずです。このような不動産は、敷地となる素地を取得・造成して、その上に建物を建築するまでにいくらかかったかというコスト面でのアプローチ(原価法)や、周辺で似たような土地や建物が実際にいくらで取引されているかという比較面でのアプローチ(取引事例比較法)によって評価され、売買や担保評価に利用されています(118ページのコラム「不動産鑑定評価」参照)。

　一般に、「不動産の価格が上がった、下がった」「土地の価格が上がった、下がった」というのは、このような、すべての不動産を含んだ大きなうねりとしての変動を表しています。**公示価格**(国土交通省が発表する毎年1月1日時点での全国の土地の価格)の推移を見ると、都市部の商業地は、1988年から1991年にかけてのバブル経済の膨張とその崩壊の過程で、大きく上下している様子がわ

図表2-1-3●東京と大阪における商業地の公示価格(指数:1971年＝100)の推移

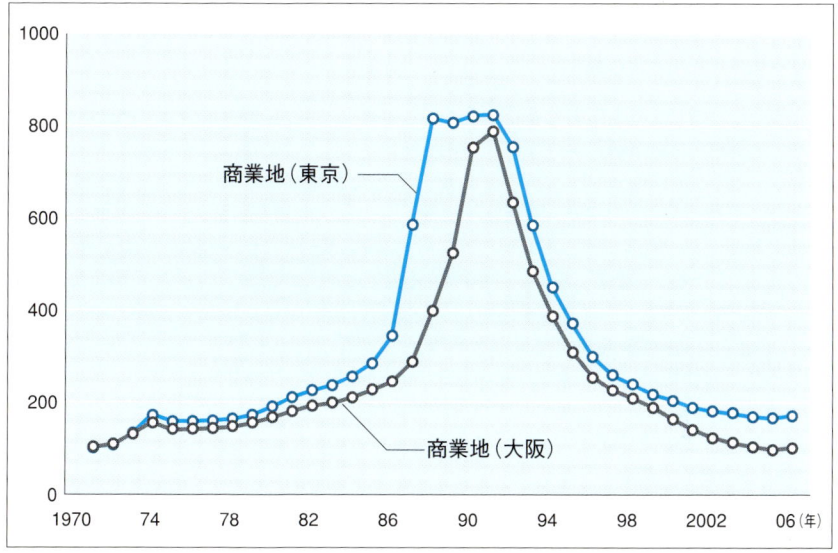

資料:国土交通省の資料を基に三菱UFJ信託銀行が作成

かります(**図表2-1-3**)。本書を執筆した2006年時点では、主要都市部を中心に公示価格の反転上昇が顕著になり、不動産取引の現場でも、かなりの価格上昇が確認されています。

上がる不動産があれば下がる不動産もある

　バブル期は、日本中の土地や不動産の価格がほとんど一斉に上昇し、バブル崩壊後は、一斉に下落を続けました。そして2005年ころから土地や不動産の価格が下げ止まり、反転が観察されるようになりました。しかし、以前と違って特徴的なのは、上がる地域があれば下がり続ける地域もある、または、同じような地域でも上がる不動産があれば下がる不動産があるという、まだら模様になっていることです。

　この現象をとらえて「地価が二極化している」ということもあります。都心部の土地は価格がどんどん上昇して高値で取引されているのに、地方には、さび

コラム

イールドギャップの推移

　下のグラフは、日本における不動産のキャップレート、イールドギャップ、GDP変動率、金利の推移を比較したものです。特徴的なのは、1995年まで不動産のイールドギャップがマイナスだったことです。ほかの安全な資産よりも低い利回りで投資されるのは不思議なことですが、当時は不動産の**キャピタルゲイン**（値上がり益）が大きく見込めたため、年度の利回りは低くても構わないという判断で不動産投資が行われていたことがわかります。事実、1990年ころまでは、高いGDPの成長が続いていましたので、コンスタントに不動産価格の上昇が続き、「土地は永久に値上がりし続ける」という土地神話が醸成されていったのです。

　バブル崩壊によって土地神話が崩壊し、イールドギャップはプラスに転じました。一時3％程度まで上昇しましたが、2002年以降は低下してきています。不動産には他の資産と異なる特有のリスクがあることを踏まえ、どの程度のイールドギャップが適正なのか、各方面で議論されています。

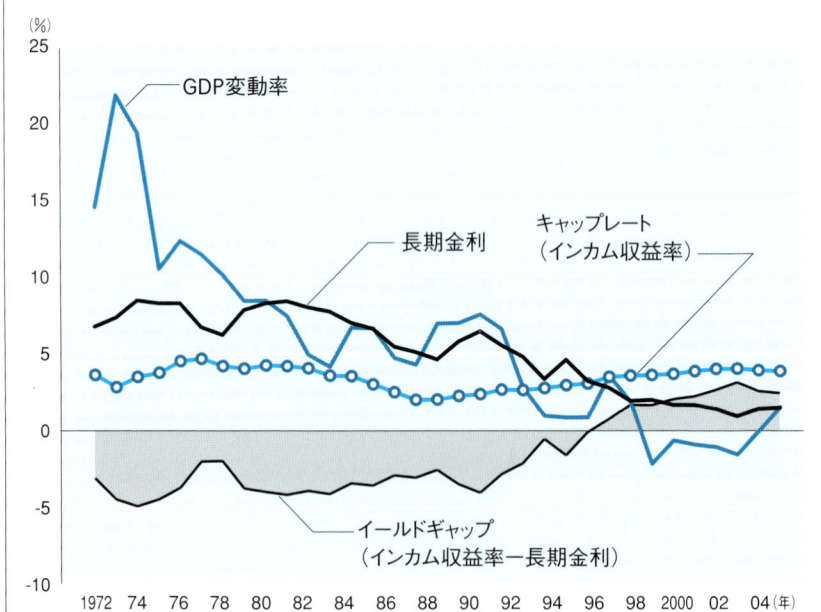

資料：インカム収益率は「MTB-IKOMA不動産投資インデックス」（東京都区部）、長期金利は10年国債利回り、GDP変動率は内閣府「国民経済計算」。以上を基に三菱UFJ信託銀行が作成

れてしまっていまだに地価が下がり続けている駅前商業地があります。また、同じ地域内のビルであっても、高収益のビルが高く評価される一方で、稼働率が上がらずに評価が下がるビルがあります。

J-REIT（不動産投資信託）の組み入れ物件でも、取得時に比べて直近の鑑定評価額が上昇しているものと下落しているものに分かれてきています（**図表2-1-4**）。J-REITの保有不動産は、定期的に評価を見直して情報が公開されているので、一つの物件の価格の推移を見るのに適しています。取得価格と直近の算定価格を比べてみると、35％以上も上昇した物件がある一方で、45％も下落しているものがあります。下落の原因は個別には公表されていませんが、テナントの退去による稼働率低下や、テナント再募集時の収入減少が原因となっているようです。

不動産の価格は、景気や地価動向に影響を受けて循環的に上昇・下落するだけでなく、個別物件ごとにも様々な要因で変動します。投資を実行する際には、このような価格の変動リスクがあるということを十分に認識することが必要です。

価格変動と強制売却
ノンリコースローンを借りると、銀行などのレンダーから、年に1回、鑑定評価を行うことを条件に付けられることが多くあります。鑑定評価額が15％とか20％下がると、強制売却の条項が発動し（売却の引き金が引かれるというイメージから「トリガー条項」といいます）、投資家は不動産を手放さなくてはならなくなるのです。

仮に、20％下落した価格で売却されたとしても、ローンの掛け目（LTV）は70％程度ですから、レンダーの取りはぐれはありません。投資家には残ったわずかなお金が分配されて、投資は終了することになります。

図表2-1-4●J-REIT保有物件 評価額上昇・下落ランキング（2006年3月時点）

[上昇]

	物件名称	所在	用途	取引時点	取得価格（百万円）	直近期末算定価額（百万円）	上昇率（％）
1	渋谷ガーデンフロント	渋谷区	事務所	04年2月	8,700	11,900	36.8
2	NBF恵比寿南ビル	渋谷区	事務所	04年5月	1,000	1,360	36.0
3	クレッセ稲毛	千葉市	商業	02年3月	4,200	5,630	34.0
4	新横浜第二センタービル	横浜市	事務所	02年9月	920	1,230	33.7
5	あびこショッピングプラザ	我孫子市	商業	03年3月	10,200	13,400	31.4
6	レキシントン青山	港区	商業	03年9月	4,800	6,280	30.8
7	NBF虎ノ門ビル	港区	事務所	04年6月	13,337	17,000	27.5
8	田無アスタ	西東京市	商業	01年11月	10,200	13,000	27.5
9	ドミトリー原町田	町田市	住居	04年3月	490	623	27.1
10	JPR渋谷タワーレコードビル	渋谷区	商業	03年6月	12,000	15,100	25.8
11	パシフィックレジデンス向陽町	名古屋市	住居	04年3月	454	571	25.8
12	こころとからだの元氣プラザ	千代田区	事務所	02年10月	5,000	6,200	24.0
13	横浜STビル	横浜市	事務所	01年5月	13,529	16,700	23.4
14	プレミアステージ内神田	千代田区	住居	05年9月	1,724	2,110	22.4
15	東急鷺沼ビル	川崎市	商業	03年9月	6,920	8,470	22.4
16	イトーヨーカドー八柱店	松戸市	商業	03年6月	1,616	1,970	21.9
17	芝二丁目大門ビルディング	港区	事務所	01年9月	4,859	5,900	21.4
18	NBF ALLIANCE	港区	事務所	04年7月	9,126	11,000	20.5
19	近鉄新名古屋ビル	名古屋市	事務所	03年9月	16,852	20,300	20.5
20	JPR名古屋栄ビル	名古屋市	事務所	03年9月	4,550	5,480	20.4

[下落]

	物件名称	所在	用途	取引時点	取得価格（百万円）	直近期末算定価額（百万円）	下落率（％）
1	新横浜ファーストビル	横浜市	事務所	02年1月	3,000	1,640	45.3
2	JPR高松ビル	高松市	事務所	01年12月	2,130	1,400	34.3
3	神戸伊藤町ビルディング	神戸市	事務所	01年9月	1,436	945	34.2
4	ジョイパーク泉ヶ丘	堺市	商業	03年12月	6,770	4,870	28.1
5	新潟礎町西万代橋ビルディング	新潟市	事務所	01年9月	1,010	729	27.8
6	金沢南町ビルディング	金沢市	事務所	01年9月	1,331	985	26.0
7	芝大門ビル	港区	事務所	02年1月	2,195	1,628	25.8
8	京都四条河原町ビル	京都市	事務所	01年12月	2,650	2,020	23.8
9	キャロットタワー／オー・エックス世田谷ビル	世田谷区	事務所	01年12月	5,479	4,209	23.2
10	ドーム四ツ谷	名古屋市	住居	05年7月	275	216	21.5

資料：J-REITの開示情報を基に三菱UFJ信託銀行が作成
(注)J-REITが保有する不動産について期末算定価額と取得価格を比較した。一部、期末算定価額の代わりに鑑定評価額を採用している物件がある

3
金利変動リスク

1章でも述べた通り、低金利の環境下で変動金利のローンを調達すると、レバレッジがよくきいて、大きな収益を上げることができます。しかし、金利が上昇してくると、一転して、投資家の収益を圧迫することになります。ただし、ここで注意しなければならないのは、金利が上昇した分だけ収益が低下するものではないということです。

金利が上昇するときは、一般に景気が良くなっているときです。従って、賃料アップによってNOI（純収益）が上昇する傾向にあります。逆に、金利が低下するときは景気が悪いときですから賃料も下がり始め、NOIも下がります。このように、金利上昇リスクとNOI減少リスクは逆の関係にあるため、金利変動による投資家キャッシュフローの増減は、賃料変動によるNOIの増減で、ある程度相殺されるのです。

これを踏まえたうえで、金利上昇のリスクは十分に警戒するべきことだということを理解しなければなりません。金利は短期間に大きく変動することがあります。一度動き始めるとあれよあれよという間に1%、2%と上がっていってしまいます。これに対して賃料はすぐには上がりません。2～3年ごとの更新の時期やテナントの入れ替えの際に、ゆっくりと上がります。下がるときも同様です。このような特性を「賃料変動の遅行性」と呼ぶことがあります。この遅行性ゆえに、金利が上昇した当初は、投資家のキャッシュフローにダメージが出やすいのです（**図表2-1-5**）。

固定金利と変動金利

変動金利の急上昇のリスクを回避するためには、最初から固定金利で借りる方法があります。これが一番安心ですが、固定金利は利率が高いので投資とし

図表2-1-5●金利、賃料、投資家キャッシュフローの関係イメージ

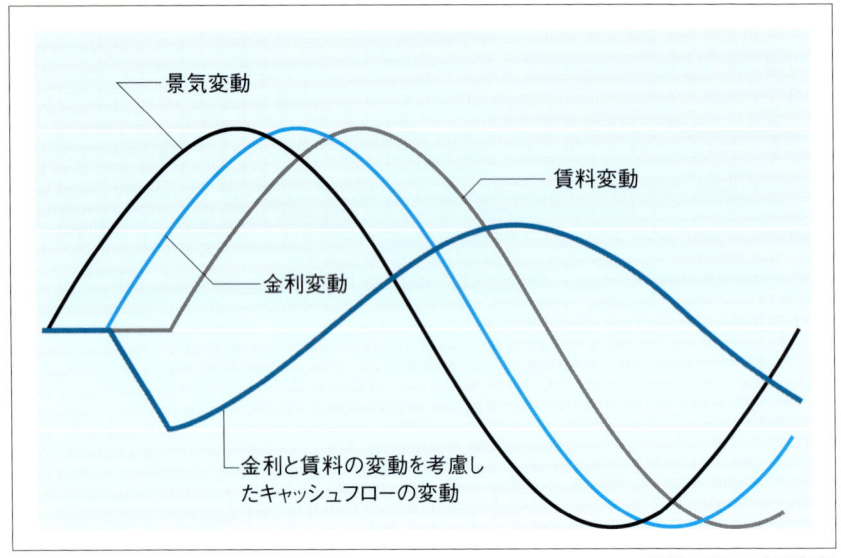

- 景気変動
- 賃料変動
- 金利変動
- 金利と賃料の変動を考慮したキャッシュフローの変動

資料:三菱UFJ信託銀行

ての妙味は減ってしまいます。

　変動金利と固定金利の間を取るものして、**金利キャップ**（金利の上限を設定する金融商品）を購入する手法があります。変動金利で借りるのですが、将来、一定の上限レート以上に金利が上昇しても、上限レート以上の金利は支払わなくてよいという契約を、レンダーと結ぶのです。これはデリバティブと呼ばれる金融取引の一種で、期間中、借り手は一定の手数料を払い続けなければなりません。ただし、固定金利を借り続けるよりは総負担額が小さくなる可能性があります。

　長期的な投資戦略を考える場合は、変動金利と固定金利のどちらが良いでしょうか。スタート時点が超低金利といった特殊な環境でないニュートラルな金利環境だったとすると、理論上は、変動金利のほうがリスクを回避できると考えられます。

先ほど記したように、景気循環に伴って賃料の上下と金利の上下がタイミングをずらしながらも同じ山と谷を描いて動いていくために収益のぶれを緩和するからです。反対に固定金利だと、緩和の力が働かないので、賃料の上下が収益のぶれに直結することになります。

4
税制改正リスク

不動産投資において不動産の税制がどうなっているか、投資した不動産に対して税金がどのくらいかかるかといった視点も、投資戦略を練るうえで、重要な要素の一つとなります。不動産の投資戦略を立てる際、当然、各種税金の支払いは当初から見越しています。しかし、①投資した後の税率改正によって当初見込んでいた収支が悪化する、②税制の改正によって当初認められていたものが認められなくなり投資目的を達成できなくなる、といったことも考えられます。

固定資産税や**都市計画税**の変動はキャッシュフローを直接、増減させます。**所得税**や**法人税**についても、税引き後の収益に影響を与えます。従って、これらの税金について予想外の増額があった場合、投資のリターンは当初の見込みよりも減少してしまうことになります。なお、取得時にかかる税金として、**不動産取得税**、**登録免許税**、**印紙税**や建物の取引にかかわる**消費税**などがあり、これらの増税は取得コストを増加させる要因になります。

また、取得後に税制が改正されてしまうことにより、当初見込んでいた税金対策効果がなくなり、投資の目的を果たせなくなることもリスクとして挙げられます。ずいぶん前の話になりますが、バブル期の不動産は、その取得額に対する多額の金利や減価償却費が、損金としてほかの課税所得と**損益通算**でき、所得税対策となるという点が注目されて不動産が投資対象となったことがあり

ました。しかしその後、このような投資を抑制するために税制が改正されたのです。金利については1992年以降に損益通算が建物部分に限定されることとなり、損金算入額が大幅に減額して所得税対策の効果が減り、多くの個人投資家が当初の投資目的を果たせなくなりました。

　最近の話では、個人が不動産を譲渡したときの譲渡所得税について、それまで不動産を譲渡した際に発生した損を所得税などほかの所得と損益通算できていたものが、2004年に不動産譲渡所得以外との通算が認められなくなった例があり、個人投資家の出口戦略に影響を与えています。また、**減価償却費**について、以前は**定額法**、**定率法**のいずれかを選択できたものが、1998年にそれ以降取得した建物の躯体部分については定額法のみと定められ、収益に影響を及ぼしたこともあります。

　ほかにも、取得後3年以内に相続が発生した場合、相続税評価額を取得費とするように改正した時期（1988年から1996年まで）もありました。不動産の相続税評価額が時価より低いことに着目し、相続発生直前に不動産投資を行うケースが頻発したからです。

　なお、不動産証券化の商品に投資する場合は、SPCが所得を得る段階と投資家に配当する段階の両方で**二重課税**されることを避けるために、SPCが配当を損金算入できる税制を利用して、SPCの譲渡所得が発生しないように運用しています。この損金算入の要件が改正されると、税金が二重に取られることになってしまう可能性があり、これもリスクになると考えられています（35ページ参照）。

税制改正の動きを日ごろから情報収集

　税制の改正はそのものを避けることはできません。しかし、税制改正の動きについて、日ごろから情報収集を心掛け、特に増税の動きが予想される場合

は、それを見越して投資戦略を練っておくことが必要です。

　なお、消費税率の上昇など取得時にかかわる増税の動きがある場合は、増税前に駆け込みで取得や譲渡するケースもみられます。実際、1997年に消費税が3％から5％に引き上げられた際、不動産への駆け込み需要が発生しました。

　ちなみに二重課税回避など、税務上の認定を受ける必要があるものについては、可能であれば要件の基準ぎりぎりでなく、配当割合の要件が90％のところを100％近く配当するなど、余裕をもって対応するような慎重さが望まれます。

> コラム

不動産鑑定評価

不動産の価格を評価するには、不動産鑑定士による鑑定評価を行うことが一般的です。鑑定評価では、**原価法**、**取引事例比較法**、**収益還元法**などを組み合わせて鑑定評価額を決定します。

[原価法]

不動産の費用性に着目した評価手法で、コストアプローチと呼ばれています。現時点(正確には評価すべき価格時点)で敷地となる土地の素地を取得・造成してその上に建物を建てたらいくらかかるかといった再調達原価を求め、そこから、評価対象不動産の経年その他の理由による減価分を控除して求めていきます。原価法によって求めた価格を**積算価格**といいます。

　　　　積算価格＝価格時点における土地・建物の再調達原価－減価修正額

[取引事例比較法]

不動産の市場性に着目した評価手法です。取引事例を収集して、これを基に価格を求めていきます。不動産は世の中に一つとして同じものがなく、また、取引の時点や取引の事情もまちまちなため、事例を比較して補正・修正する方法に一定の手順が決められています。取引事例比較法によって求めた価格を**比準価格**といいます。

　　　　取引事例の収集・選択
　　　　　⇒取引の事情に基づく補正、時点の違いに基づく修正
　　　　　　⇒事例と対象不動産の地域要因の比較、個別的要因の比較
　　　　　　　⇒比準価格

[収益還元法]

不動産の収益性に着目した評価手法で、インカムアプローチと呼ばれています。代表的な手法に、**直接還元法**と**DCF法**があり、収益還元法で求めた価格のことを**収益価格**といいます。

直接還元法は標準的な一定期間(通常1年)のNOIが不変で続いていくとの前提で、NOIを還元利回りで割って収益価格を求める方法です。NOIと価格の関係が簡潔でわかりやすいので、不動産取引の実務においても浸透している考え方です。

　　　　収益価格＝不動産の純収益(NOI)÷利回り(キャップレート)

DCF(Discounted Cash Flow)法は限られた投資期間の中で、毎年のNOIの見込みと、投資の出口における復帰価格(売却価格)を想定し、それぞれ発生時期に応じて現在価値に割り引いたうえで合計し、価格を求める手法です。算定にあたっては、キャッシュフロー表(スプレッド・シートとも呼ばれます)を用いるため、NOIが変動する場合に対応することができます。不動産投資を期間で考える場合になじみやすい手法です。

$$\text{収益価格} = \sum_{k=1}^{n} \frac{a_k}{(1+r)^k} + \frac{\text{復帰価格}}{(1+r)^n}$$

a_k：毎期の純収益（NOI）　r：割引率（ディスカウントレート）　n：保有期間

投資期間（n）＝5年の場合
下図では、割引率の概念（将来のお金は現在価値が低い）をわかりやすくするために、毎年のキャッシュフローを一定にしてありますが、キャッシュフローが変動しても価格が求められるのがDCF法の特徴です。

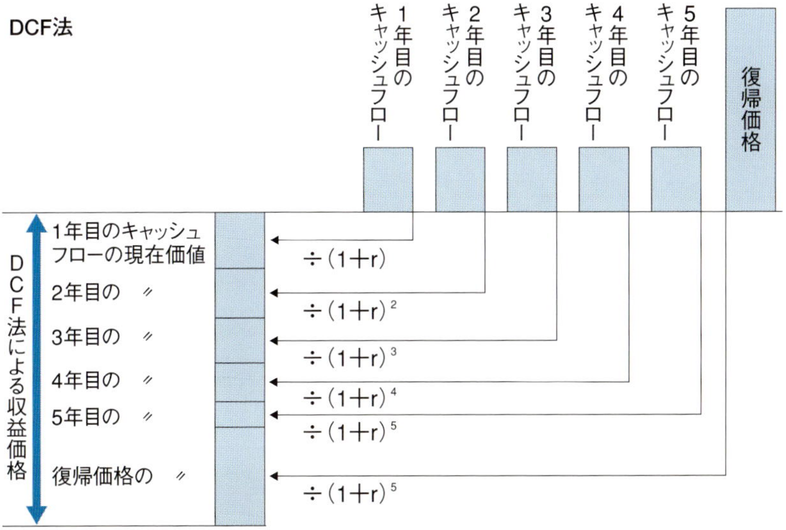
DCF法
1年目のキャッシュフロー
2年目のキャッシュフロー
3年目のキャッシュフロー
4年目のキャッシュフロー
5年目のキャッシュフロー
復帰価格
DCF法による収益価格
1年目のキャッシュフローの現在価値
2年目の 〃
3年目の 〃
4年目の 〃
5年目の 〃
復帰価格の 〃
÷(1+r)
÷(1+r)²
÷(1+r)³
÷(1+r)⁴
÷(1+r)⁵
÷(1+r)⁵

［開発法］
戸建て住宅やマンションといった住宅地の開発に適している大規模な面積の土地を評価する際に、補助的に用いる手法が**開発法**です。市場価格から新築の分譲住宅の価格を想定し、総売上額から開発コストを控除して価格を求めるもので、開発者による開発用地の取得価格に相当します。

開発法による価格＝住宅などの分譲による想定売上額－開発コスト

ポイント整理

不動産経営に関するリスクと対応策

1. 不動産投資では、景気の変動で賃料水準が下落し、収益性が下がるリスクがあります。

2. 賃料水準の下落のリスクを回避するためには、定期借家契約やマスターリース契約を結ぶことで、賃料を長期間固定化する方法があります。

3. 賃料だけでなく、管理コストの増加によって収益性が下がるリスクもあります。

4. 不動産投資では、不動産価格が下落するリスクがあります。NOIやキャップレートの変化による収益価格としての変動がありますが、収益価格以外の大きなトレンドとしての土地や不動産の価格の変動の影響も受けます。

5. 不動産の価格は、最近では物件によって上昇するものもあれば下落するものもあります。J-REITの保有する物件でも、上昇・下落の両方が出てきています。

6. 投資期間中に金利が上昇すると、投資収益が圧迫されます。これを避ける方法として、固定金利による資金調達や、金利キャップの購入があります。

7. 税制の改正に関しては、税率・税額の変更をはじめ、損金算入要件などの特例の変更に注意するべきです。

2-2

第2章　保有・運用時のリスク

テナントに関する
リスクと対応策

1 賃貸借契約上のリスク ……………………… 122
2 テナント構成上のリスク …………………… 125
3 テナントによる違反工事 …………………… 132

ポイント整理 …………………………………… 136
コラム テナント管理とプロパティマネジャー …………… 134

2-2 テナントに関するリスクと対応策

1 賃貸借契約上のリスク

　賃貸ビルやマンションを経営するにあたって、高い賃料水準で稼働率を上げることをめざす必要があるのはいうまでもありません。しかし、目先の稼働率アップを焦るあまり、賃料の支払い能力に問題のあるテナントを入居させると、**賃料滞納**が起きやすくなるリスクがあります。

賃料滞納をカバーする保証サービス

　賃料の滞納が発生した場合、相当の期間を定めて支払いを**催告**しても支払いがなければ契約を解除できるという民法541条の原則があります。滞納があったらすぐに解約できるいう特約を結ぶことも否定はされていませんが、裁判では催告なしの解除は認められない場合があります。また、現実に賃料滞納が起きるときは、まったく支払いが止まるということは少なく、3カ月間滞納した後2カ月分の賃料が入金され、また2カ月間支払いがなくて1カ月分入金されるというように、継続的に遅れが続くことがよくみられます。賃貸人にとっては、なかなか解除に踏み切れずにフラストレーションがたまることになります。

　なお、賃料滞納が発生した際のキャッシュフローの変動を避ける手段として、**滞納賃料(家賃)保証**というサービスがあります。賃料の滞納が発生した場合、契約を解除して退去するまでの間の賃料を保証するしくみです。固定賃料を保証するような借り上げシステムやサブリース事業とは異なるものです。

転貸に伴う危険

　賃借人(テナント)が、賃貸人(オーナー)の承諾なくして賃借物を**転貸**できないことは、民法612条に定められています。もし無断で転貸した場合、法の

原則では賃貸人は契約を解除できることになっています。しかし、賃貸人と賃借人の信頼関係を破壊すると認められるような背信行為がなければ、解除はできないという理論が確立しています。

無断転貸は、賃貸借契約で禁止を明記することがほとんどです。テナントから「転貸したい」という相談を受けたときに応じるかどうかは、ビジネス上の判断になるのでどちらがよいかは一概にはいえません。転貸借の場合は、賃貸人、賃借人、転借人（エンドテナント）の三者の間で、賃料などの請求権や解除の際の法律効果が複雑になることを知っておきましょう。転貸を認める場合は、三者間における各契約内容を弁護士に確認してもらう必要があります。また、転借人にもビルの館内規則などの遵守を誓約させることはいうまでもありません。

よくあるのは、テナントの関連会社に事務所を使わせる次のようなケースです。A社は都内にいくつかの収益ビルを保有しています。そのうちの一つであるBビルは小規模な物件であったため、コストを抑えるために管理人を置いていませんでした。賃料も毎月、確実に振り込まれており、特段問題となるような物件ではありませんでした。

ある時、A社の総務担当者が別の仕事で近くに来たため、帰り際にBビルに寄ってみると、郵便ポストに見知らぬ法人の名前を発見しました。すぐに契約先のC社に連絡すると、C社の社長と親しい間柄であるD社に2年前から貸しているとのことでした。

通常、無断転貸については賃貸借契約の解約事由に該当します。裁判ではC社の行いが背信的行為であれば、C社との原賃貸借契約を解除することが可能だと判断されます。しかしながら、今回のケースのように何年も放置していた場合には、転貸借契約を認めていたと解釈されて、裁判上不利に働くおそれがあります。また、たとえ結果的に原賃貸借契約を解除できたとしても、裁判の

長期化は避けられず、費用も余計にかかってしまうおそれがあります。

　このケースの場合は、無事C社と和解し、D社に立ち退いてもらうことで合意できました。しかしながら、こういったずさんな管理をしていると、いつトラブルに巻き込まれるかわかりません。プロパティマネジメント会社を選任して適切なビル管理に努めると共に、自らも日ごろからこまめに物件を下見するなどのチェックが欠かせないのです。

　転貸という認識がないまま、テナントが事務所の一部を他社に使わせる場合も注意が必要です。テナントからすると、間仕切り工事を行うわけではなく賃料もテナントが払うのだから、ちょっとぐらい良いではないかと気軽に考えがちですが、郵便の受け取りに始まって、テナント以外の第三者が出入りすることによるセキュリティの問題でトラブルになるおそれがあります。また、消防法上の防火管理責任もあいまいになる危険があります。このような問題は、キャッシュフローの問題というより、管理上の危機管理に関係することが多いのです。テナントから希望が出てきた場合は、同居人として届け出をさせ、管理体制にしっかり組み込むことが大切です。

信用力の高いテナントを集めるばかりが戦略ではない
　賃料滞納のリスクを考えると、リーシングにあたって大手企業など、信用力の高いテナントを求める方向に傾きがちですが、逆に募集基準を下げてキャッシュフローをアップするという戦略もあります。ある地方都市では、企業の単身赴任者が多いため、単身赴任者専門の借り上げ社宅としての賃貸マンションがありました。契約相手を一定規模以上の法人に限定しており、比較的高水準の賃料を安定して受け取っていました。しかし、不況の影響で、利用者が年々少なくなり、ついには稼働率が60％ほどになってしまったのです。

　この物件を安く買い受けたA社は、法人契約専門の看板を下ろすことにしま

した。そして、一般の個人からの引き合いにも応じながら、次第に社会人だけでなく学生の入居も認めていったのです。入居者の幅が広がっても、セールスポイントだった「静かで安全な居住環境」の質を落とさないように、管理に気を使ったので、以前からの居住者から不満が出ることもありませんでした。この結果、稼働率を100％近くまでアップすることに成功したのです。

2
テナント構成上のリスク

❶マルチテナント

　ここでは、テナントの構成に起因するリスクについて、対応策を考えてみましょう。都内一等地にあるオフィスビルの1階部分が空室となり、テナントを探していたところ、大手ゴルフ用品メーカーから引き合いがありました。このビルは元々、金融機関が使用していた重厚感のある格式高いオフィスビルでした。店舗として使用するのはなじまないビルでしたが、オフィスとして貸すよりも高い賃料で貸すことができたため、貸し主は迷わず契約を結びました。ところが、ほかの階のテナントからはクレームが続出。協議は難航し、最終的には以前から居た主要テナントが一斉に退去してしまいました。

　運用時の唯一の収入はテナントからの賃料なので、空室期間を減らすことと賃料単価を上げることはビルオーナーやプロパティマネジメント会社にとって至上命題といえます。しかしながら、何の考えもなく目先の収益だけを追求しようとすると、このような失敗を犯すことがあるのです。テナントが一棟借りしてくれれば話は別です。複数社に賃貸する場合にはテナント構成がビル運営を行ううえで重要な事項となってきます。

　複数のテナントが入居することによるトラブルは、ほかにもあります。中小ビルの一室が電話営業の拠点として賃借され、大勢の従業員がビルに出入りす

ることによってエレベーターやトイレが混雑したり、喫煙者の増加で非喫煙者からの苦情が出たりというケースがあります。また、事務所でありながら不特定多数の顧客を呼び込むような使い方をすると、セキュリティ上の不安を呼びます。**館内規則**を守らないテナントや、ほかのテナントへの迷惑行為を行うモラルの低いテナントを入居させてしまうことも、避けなければなりません。

物件の特徴を説明するときに、よく、**シングルテナント**とか**マルチテナント**といった言葉を耳にすることがあります。シングルテナントは一つのテナントに一棟丸ごと賃貸している状態をいいます。マルチテナントとは、複数のテナントに賃貸している状態です。厳密な定義はないものの、大きなビルに2～3社が入居しているケースはマルチテナントとは呼びません。

テナント数が多く分散していた方が、個々のテナントが退去したときの収入の落ち込みが少なく、リスクが小さいことは間違いありません。しかし、テナント数は多いほど良いというものでもありません。特にオフィスビルにおいては、テナント数が多すぎると一つのフロアを小割りに区画する必要が出てくるため、通路の設置などによって総賃貸面積が減ってしまう場合があります。また、空調システム、防犯・防災システムの管理が複雑になります。

何よりも、テナント管理の手間が多くかかることになり、一年中、賃料の更改交渉を行っているような状態になりがちです。このように、テナント数が多すぎると、管理コストがかかるというデメリットが出てきます。ワンフロアに一つのテナントが入居するくらいが理想です。ただし、意図してもなかなか思い通りにはリーシングできないもので、大小のテナントが混在してしまうのが現実です。

❷シングルテナント

図表2-2-1は、J-REITが保有するシングルテナントの物件例です。シングル

テナントは、オフィス系、商業系（大規模店舗）、ホテル、住居系でリスクが異なってきます。

オフィス系

オフィスビルでは、一つのテナントが一棟丸ごと借りて本社や拠点として使用しているケースがあります。この場合の最大のメリットは、テナント管理を省力化できることです。テナント1社の満足度を最大限高めるように管理することが目的となり、ほかのテナントとの調整も必要ありません。一棟借りのテナントは、それだけの面積を借りる資力があるのですから、一般的には信用力

図表2-2-1●J-REIT保有物件のシングルテナントの例

	投資法人	物件名称	所在地	テナント
事務所	森トラスト総合リート	日産自動車本社ビル新館	東京都中央区	日産自動車（転借）
	トップリート	日本電気本社ビル	東京都港区	日本電気
	ユナイテッド・アーバン	川崎東芝ビル	神奈川県川崎市	東芝
商業	フロンティア不動産	イオン品川シーサイドショッピングセンター	東京都品川区	イオン
	日本リテールファンド	イトーヨーカドー鳴海店	愛知県名古屋市	イトーヨーカ堂
	日本リテールファンド	イオン札幌苗穂ショッピングセンター	北海道札幌市	ジャスコ
ホテル	ユナイテッド・アーバン	東横イン品川駅高輪口	東京都港区	東横イン
	ジャパン・ホテル・アンド・リゾート	神戸メリケンパークオリエンタルホテル	兵庫県神戸市	ホテルマネージメントジャパン
	イーアセット	ホテル日航茨木大阪	大阪府茨木市	アセット・オペレーターズ

資料：J-REITの開示情報を基に三菱UFJ信託銀行が作成

の高い企業が多く、賃料滞納などのリスクが小さいと判断できます。また、本社として利用している場合は、簡単には移転できないので、長期的な賃貸借が期待できます。

しかし、大企業の退去・移転は、実際には珍しくありません。業績不振による縮小や部門統合による移転、他社との合併という理由による解約もあれば、業績が良いためにもっと大きなビルに拡張移転するという前向きな理由の解約もあります。

シングルテナントが退去してしまうと、すぐにほかのテナントで埋めるのは困難であり、キャッシュフローが大きく落ち込むことになります。また、長い間一つのテナントによって使用されていると、ビル全体がそのテナントのために特別な仕様になっていることが多いのです。マルチテナント化しようとした場合に、1階のロビーや食堂があったフロア、エレベーターシステムなど、大幅にリニューアルしなければならない部分が出てきて、コストがかさむことになります。

J-REIT保有の大型物件でも、シングルテナントの退去の例が出てきています。日本ビルファンド投資法人が所有していた「JFEビルディング」では、テナントのJFEスチールが2007年3月に退去することになりました。また、森トラスト総合リート投資法人が所有していた「日立本社ビル」では、テナント（転借人）の日立製作所との契約が2006年5月に終了しました。これらの投資法人は退去後の方針を検討しましたが、テナントの再募集をあきらめ、物件を売却しています。

商業系-大規模店舗

商業系の建物では、郊外のスーパーマーケットやショッピングモールに代表されるように、大規模店舗を大手スーパーや百貨店、アウトレットモールの運

営会社が一棟ごと借り受けることが一般的です。この場合、第一に賃借人の信用力がリスクとなります(93ページのコラム「スーパーマーケットの証券化と真正売買」参照)。大手のスーパーや百貨店といえども安泰が続く時代ではありませんので、長期契約を結んでも、期間中にデフォルト（契約不履行）にならないとは限りません。

　第二に、この種の店舗は商圏に大きく影響を受けるので、近隣により競争力のある店舗が出現したり、人口の減少などによって地域が衰退したりすると、商圏が縮小して営業が困難になります。商圏の縮小が原因でテナントに退去されてしまうと、それを同業他社に賃貸することは難しくなります。よほど斬新なアイデアでもなければ、立地として集客力がないことがわかっているからです。また、ショッピングセンターは建物としての汎用性が低いため、ほかの用途で賃貸することもなかなかできません。

　そのほか、大規模店舗のリーシングの特徴として、変動賃料の設定があります。固定賃料に店舗の売り上げに応じた変動賃料を加えるもので、店舗がはやれば賃料収入が増える楽しみがあります。なお、開業間もない商業施設では、物珍しさによる開業効果で集客や売り上げの実力がかさ上げされる場合があるので、ある程度、長い期間の賃貸収益の実績（トラックレコード）を検証することが必要です。

　J-REITでも、大規模店舗のテナントが退去して大きな影響を受けた物件があります。シングルテナントではありませんが、ある投資法人が大阪府に保有しているショッピングセンターでは、3階までの店舗のうちの2階部分を賃借していたテナントが、2004年に退去してしまいました。翌年には次のテナントを誘致できたのですが、契約賃料が以前より下がってしまい、その影響を受けて、2004年5月には66億4000万円だった鑑定評価額が、2005年11月には48億7000万円に下がってしまいました。

ホテル

　自らホテル運営に挑戦する場合は別として、不動産投資としてホテルを取得する場合、建物をホテル運営会社（オペレーター）に一括で賃貸するのが普通です。ホテルの生み出す収益は、ホテルのグレードや運営方法によって大きく変わります。従って、約定の賃料支払いを本当に続けていけるかどうか、運営会社の実力と信用力を見極めることが重要になります。運営会社の実力には、稼働率を高めて収益を上げるという営業力はもちろん含まれますが、コンプライアンス（法令遵守）意識が高いことも重要です。

　ホテルは公共的な機能を有しているため、例えば客室面積を広げる目的で不正な改造をするといった法令違反があると、営業停止などの行政処分や風評による利用者離れといった痛手を被るおそれがあります。ホテルを一棟ごと賃貸する場合の賃料は、大きく固定賃料と変動賃料の二つの契約が考えられます。

　変動賃料の場合、リゾートホテルなどでは季節による収入の増減が生じます。たとえ観光シーズンだとしても、天候不順による稼働率低下もあります。期待した賃料を下回るリスクを考慮しなければなりません。

住居系

　賃貸マンションなどの住居系の投資物件は、基本的に住戸ごとのマルチテナントです。投資のしくみや管理上、1社にマスターリースし、そこから各テナント（入居者）に転貸する方法を採ることがあります。マスターリースを採用したときの賃料の決め方は、大きく2通りあります（38ページ参照）。

　一つは、マスターリース会社に固定賃料を保証してもらう方法です。もう一つは、転借人から受け取った賃料を、そのまま賃貸人に渡す方法でパススルー方式と呼びます。プロパティマネジメント会社や管理会社がマスターリース会社を兼ねるときに、よく使われる方法です。

マスターリース会社が倒産などで営業できなくなると、不動産の運営に支障が出ます。住宅の場合は、マスターリースの実績をもった企業が比較的多く存在するため、不動産証券化の際にマスターリース会社の信用力に不安がある場合は、有事にバックアップを行う別のマスターリース会社をあらかじめ手当てしてリスクを回避します。

❸リーシング戦略

賃料滞納や無断転貸といったトラブルを回避し、適切なテナント構成によりビルを運営していくためには、テナント募集段階で候補のテナントの業態や信用力を十分に調べておくことが重要です。不動産投資として考えた場合、投資家が自らリーシング活動を行うことは、少ないでしょう。

分業化が進んだ今日では、アセットマネジャー(AM)やプロパティマネジャー(PM)にリーシングも含めた管理を委託し、AMやPMが仲介会社（リーシング会社）にリーシング業務を委託しながら進めていきます。ここで投資家にとって必要なことは、どのようなテナントを、どれくらいの賃料で募集し、対象物件をどのようなビルにしていくのかといった戦略をAMやPMと共有することです。

テナント候補から引き合いがあった場合に厳選するのか幅広く受け入れるのか、賃料の交渉があった場合に募集賃料にこだわるのか柔軟に応じるのか、既存テナントのイメージを重視したビルにするのかイメージを刷新していくのか、考えるべきことは山ほどあります。

まずは、この分野のプロフェッショナルであるアセットマネジャーやプロパティマネジャーの意見に耳を傾けることが大切です。そのうえで投資家としての戦略やスタンスを伝えて、リーシング戦略を固めます。こうした流れの中から、これまで述べたようなリスクと対応策が具体的なイメージとなって浮かんでくるのです。

3
テナントによる違反工事

　テナントが入居する際は、大掛かりな**内装工事**を施します。また、賃貸借継続中でも、テナントの希望で内装の工事を行うときがあります。「専用部分だから、テナントの希望を聴いてあげればよい」と安易に考えていると、思わぬ落とし穴にはまることになります。例えば、重量が極端に重い金庫や機械を設置する場合、建物の**設計床荷重**をオーバーすると、**スラブ**（床板コンクリート）にダメージを与えます。また、**電気容量**を無計画にアップすると、建物のほかの設備に負担がかかりトラブルの原因となります。

　内装工事を施す際には、消防法やその関連法規に違反しないように注意が必要です。例えばビルの室内には、適切な間隔で**スプリンクラー**や**火災報知器**、**煙感知器**、**非常放送スピーカー**などが設置されています。間仕切りで部屋を細かく分けてしまうと、煙感知器が天井にない**未警戒区域**や非常放送が聞こえない部屋ができてしまいます。

　壁際にキャビネットを設置して、**排煙窓**を開かなくしてしまうこともありがちです。ひどい場合には、**緊急避難路**をふさいでしまうこともあります。壁を安易に貫通させてしまうと、建築基準法上の**防火区画**の制限に抵触する場合があります。これらは、法令違反が問われる以前の問題です。火災発生時に被害や犠牲を大きくする要因となり、非常に危険です。

　内装工事とはいえませんが、ビルの共用部分や駐車場の一部の空きスペースを、テナントから倉庫として使わせてほしいと頼まれることがあります。本来は、廊下や駐車場として建築確認申請をした部分ですから、勝手な改造はできません。間仕切り工事はテナントで負担するというし、使用料も取れるからと安易に了承してしまうと、その時点で違法建築となり、ビルの貸し主が責任を

問われます。似たようなものに、本来は建築確認の対象となる屋上広告塔を、テナントからの求めに応じて無届けで設置してしまうというケースがあります。

違法改造に厳しい目

以前は、このような法令違反に対して大目に見る風潮もありました。しかし、J-REITをはじめとする不動産投資ビジネスが発展してきた今日では、投資家を裏切ることにつながる法令違反は許されなくなっています。これからの時代は法令違反について厳格に対処しなければなりません。法令違反があると信託受託が拒否されたり、ノンリコースローンが借りられない場合もあります。

図表2-2-2●資産価値維持のための内装工事のチェック事項

[基本的事項]
- 図面や資料がそろっているか
- 館内規則に違反していないか
- ほかのテナントとの関係で問題ないか
- テナント退去時の原状回復に支障がないか
- 建築基準法や関連法令に違反しないか
- 共用部への影響がないか
- 工事の際の防火管理は万全か
- 躯体にかかわる工事がある場合、構造上問題ないか(躯体貫通など)
- 電気容量など、既存設備に問題が出ないか
- 重量物の設置が構造上問題ないか
- 材料や機器の搬入方法、経路は問題ないか
- 建物の美観を損なわないか
- 工事実施の日時が、近隣やほかのテナントに迷惑がかからないか
- 道路占用許可など官公庁への必要な届け出はなされているか
- 給水やガスなどの個別メーターの増設は必要ないか

[間仕切り変更に関係する事項]
- 間仕切りによって、空調のバランスが崩れないか
- 間仕切りによって、ビルの保守・管理・点検に支障が出ないか
- 排煙の問題は生じないか
- セキュリティの未警戒部分が生じないか
- 感知器やスプリンクラーの配置に問題が生じないか
- 照明器具の配置に問題は生じないか

資料:三菱UFJ信託銀行

売却する際に買い主の見方が厳しくなり、売却価格が大きく下がるリスクを抱えることにもなります。

　テナントの利用に関連して生じた法令違反を、後になって是正しようとしても、テナントから「貸し主が認めたから工事をしたのに、いまさら直せといわれても営業ができなくなる」と主張されて、協力が得られないことがあります。こうなると、建築時に適法だった物件でも、違法状態から抜け出せなくなってしまいます。

　図表2-2-2は、内装工事の主なチェック事項です。内装工事の際、段取りや安全管理の悪い施工会社が行うと、資材の搬入時にほかの入館者の妨げになったり、騒音、振動、臭気の発生によってほかのテナントに迷惑がかかることがあります。電気や通信が遮断されたり、火災や水漏れといった事故も発生します。

コラム

テナント管理とプロパティマネジャー

　テナントは、不動産のキャッシュフローの源泉であり、貸し主にとっては大事なお客様です。このテナントの満足度を高く維持することが、プロパティマネジャー(PM)の重要な使命の一つです。契約更新時期にしかテナントに連絡を取らないようなPMは失格です。定期的にテナントを訪問して友好的な関係を築きながら、環境に不満がないか、現在の面積に過不足を感じていないか、業況はどうかなどの情報を収集するのが優秀なPMといえます。なかには、テナントの営業事務所を訪問した際に、壁に貼られた売り上げグラフやスローガンをチェックしたり、社員の雰囲気を観察してテナントの業績や移転意向を把握しようと努力するPMもいます。

　とはいえ、どんなにテナントとの良好な関係を保っても不景気になれば賃料引き下げを要請されますし、満足度だけで解約を防衛できるものでもありません。

　しかし、日ごろからテナントのニーズをつかんでおけば、解約の動きを事前に察知して対応を考える余裕ができます。また、建物や設備への不満を聞いているうちに、大きな事故につながる危険の芽を発見して、未然に防止する対策を打つことにつながります。

　このようなきめ細やかなテナント管理ができる優秀なPMを選定することが、不動産投資のリスクを減らすことにもなるのです。

テナントの工事は、工事実績のある貸し主の指定企業に施工させるケースが多いようです。テナントが選定した施工会社に委託する場合でも、プロパティマネジャー（PM）に管理させることが大切です。

テナントの内装工事は、賃貸借契約のなかで例外なく「貸し主の承諾が必要である」と定められています。不動産投資として考えた場合、貸し主自らが工事内容をチェックしたり監督することはまれで、たいていはプロパティマネジャー（PM）がこれを代行します。PMは、テナントの工事計画について技術、安全、法律の各観点からチェックし、工事が円滑に進むように管理会社やほかのテナントとの調整をします。

工事期間中は、工事が計画通り進んでいるか管理します。先に述べたように、安易な工事承諾や工事管理は、後になって不動産の価値に悪影響を及ぼすおそれがありますから、貸し主はPMに対して意向を正しく伝えて厳格に管理運営することを求めます。また、管理をPMに任せきりにするのでなく、こまめに報告を受けることも大切です。

ポイント整理

テナントに関するリスクと対応策

1. 支払い能力に問題のあるテナントが入居すると、賃料滞納を起こすリスクがあります。このリスクをカバーするために、滞納テナントを退去させるまでの賃料を保証するサービスが出てきています。

2. ビル全体のテナント構成に合わないテナントが入居すると、ほかのテナントから苦情や不満が出る場合があります。

3. 転貸借や同居の承認にあたっては、法律上や管理上のトラブルを引き起こす可能性があるので、慎重な対応が必要です。

4. 複数のテナントに賃貸している状態をマルチテナントといいます。リスクの分散効果がありますが、管理の手間・コストがかかります。

5. 一つのテナントに賃貸している状態をシングルテナントといいます。管理の手間はかかりませんが、退去したときのキャッシュフローの減少が大きいリスクがあります。

6. リーシング（テナント募集）にあたっては、投資戦略の中でどのようなテナントを誘致するのか、アセットマネジャーやプロパティマネジャーと考えを共有することが大切です。

7. テナントが内装工事を行う際は、建物の損傷や法令違反など、資産価値を損なう危険があるので、経験のあるプロパティマネジャーを通じてしっかり管理するべきです。

2-3

第2章　保有・運用時のリスク

ビル機能・周辺環境の変化に関するリスクと対応策

1 物理的減価のリスク ……………………… 139
2 機能的減価のリスク ……………………… 142
3 経済的減価のリスク ……………………… 148
4 ライフサイクル・コストからみたビルの維持管理 ……… 153

ポイント整理 ……………………………… 159

コラム オフィス床の供給量と2010年問題 ……… 147
コラム コンバージョンのメリットと制約 ……… 152

2-3 ビル機能・周辺環境の変化に関するリスクと対応策

　債券や金を想像してみてください。マーケットにおける取引によって、債券や金の価格は日々変動しますが、債券や金そのものが古くなったり、陳腐化したりして価格が下落することはありません。つまり何の手入れをしなくても、もっと言えば誰が保管していても、そのものがもつ価値に差は出ません。

　一方、不動産の場合はどうでしょうか。当たり前ですが建物は月日の経過と共に老朽化していきます。さらに、管理の状態が悪いと経年劣化以上に老朽化したり陳腐化したりするでしょう。つまり、何も手入れをしなければ当然に価値は下がっていきますし、たとえ手入れをしていても管理者の能力いかんによって価値に差が生まれるのです。このことからもわかるように、不動産投資ではビルの運営管理を適切に行っていくことが求められるのです。

建物の価値が下落する要因

　それでは、このような価値下落リスクを軽減するためには、どのようにビルの運営管理を行えばいいのでしょうか。そのカギを知るためには、そもそも建物の価値はどのようにして決まり、どのようにして減価されるのかを知っておく必要があります。

　複合不動産（土地と建物一体の不動産）の価格は、通常、**積算価格**と**収益価格**を基に評価します（118ページのコラム「不動産鑑定評価」参照）。このうち積算価格は、費用面から不動産の価格にアプローチしたもので、土地・建物の積算価格をそれぞれ合計して求めます。そして、この際の建物の積算価格は、対象となる建物を新たに建てたらいくらかかるかという**再調達原価**から、機能劣化などによる価格の下落部分をマイナスすることによって求めます。このマイナスする作業のことを**減価修正**といいますが、大きく分けて次に掲げる三つの減価要因を勘案します。

一つ目は建物を使用することによって破損したり、地震や火災、風雨などで損傷したり、時の経過によって老朽化することなどによって生じる減価(物理的減価)です。二つ目は建物が敷地との関係で有効利用されていなかったり、設計の不良や設備の不足がみられたり、「天井が低い」「空調が個別にコントロールできない」といったように型式が旧式化することなどによって生じる減価(機能的減価)です。三つ目は周囲の環境とミスマッチした建物であったり、近隣地域が衰退してしまうなど市場性が減退することなどによって生じる減価(経済的減価)です。

このように建物の価格は、三つの減価要因によって下落していきますので、運用期間中にこれらの減価要因を軽減させる何らかの手段を講じていかなければなりません。実務上、投資用不動産の評価においては、投資家の投資採算価値を重視する観点から、積算価格よりも収益価格に重きが置かれています。しかし収益価格を用いる場合でも減価要因を軽減させることによって、テナント退去の防衛、賃料下落の歯止めなどにつながり、価格の下落を回避できることは同じです。以下、それぞれの減価要因について詳しく説明していきます。

1
物理的減価のリスク

建物はいつまでも新しいままのはずはなく、何も手を加えなければ当然、経年劣化していきます。この経年劣化は先に述べた三つの減価のうち、物理的減価に相当するものですが、この減価は事前に予測することが可能です。エンジニアリング・レポートや建物の専門家による調査などから修繕などに必要な費用をある程度、予測することもできます。従って経年劣化については、日ごろから計画的に保守修繕していき、また資本的支出相当額(会計上資産計上する大規模修繕費などの支出)を毎期積み立てて大規模修繕を実施していくことにより、価値下落リスクを回避できます。

しかし、たとえ計画的な保守修繕を予定して費用を見積もっていたとしても、これらの費用はあくまでも目視や設計図書などの図面上から予測した数値にすぎません。実際に保守修繕をする場合には予想を上回る費用がかかる可能性があり、大規模修繕をしようとした場合に積立金が足りずに追加費用負担を強いられることもあるでしょう。これについては、予測の限界からくるリスクであるため、根本的な解決策はないのが実情です。ある程度の余剰資金を計画的に積み立てて不測の事態に備えるのか、そのような予防策は特に講じず余剰資金を投資家へ還元していくのかは運用者の判断に委ねられています。

経年劣化を超える物理的損傷
　建物は経年劣化すると同時に、様々な外的要因によって当初の予測以上に損傷・劣化していくことがあります。収益ビルに投資する場合には、キャッシュフロー表に基づき毎期の収支計画を事前にしっかりと立てて、購入の是非および購入価格を決定するわけですが、この収支計画における毎期の費用項目には必ず建物の修繕費が考慮されています。ただし、この場合の修繕費で想定しているのは上記で説明した建物の経年劣化を保全していくための費用であり、経年劣化を超える物理的損傷については通常、考慮されていません。

　予想外ともいえる物理的損傷が起こる原因としては、**自然災害による損傷**や**人為的原因による損傷**が考えられます。自然災害による損傷には、地震、火災、風水害、落雷などがあります。一方、人為的原因による損傷として、構造計算書偽装や手抜き工事、放火などが挙げられます。

　いずれも偶発的なケースが多く、あらかじめその時期や費用を見積もるのは困難です。このため、経年劣化を超える物理的損傷が発生した場合には、何らかの予期せぬ出費を余儀なくされることがあり、その期の不動産収支にマイナスの影響を与える可能性があります。また、損傷・劣化が緊急性を要する程度のものではなかったとしても、そのまま放置しておけば建物の価値は下がって

いきます。

物理的損傷への対処法

　自然災害のうち地震による損傷が心配な場合は、保有ビルが新耐震基準で設計された耐震構造のしっかりしたビルかどうかを確認し、もし旧耐震で設計されたビルである場合には耐震補強工事をするといった対応が考えられます。火災による損傷については、保有ビルが耐火性に優れたビルかどうかを確認し、もし劣る場合には防耐火補強をする、消防法上の基準を常にクリアするように適切な維持管理をする、などが考えられます。

　保有しているビルが複数棟あり、同じエリアに集中しているのならば投資エリアの分散を図る、あるいは契約している保険が適切なリスクコントロールに寄与しているかを見直すことが考えられます。自然災害を防ぐことはできませんから、万が一、起きたとしても被害が最小限で済むような対策を講じておくことが重要となります。

　人為的原因による損傷については、瑕疵担保責任を負うことのできるデベロッパーやゼネコンの物件に投資することが肝心です。施工現場の様子や構造計算書の開示請求に積極的に応じてくれる施工会社をパートナーとして選ぶなど、関係者の信用を担保することが実務上重要となってくるでしょう。そのうえで運用時には、日常から保有物件に対する管理を強化し、ひび割れ、破損、さびの有無を目視により確認します。そして、築年数の割に劣化の状況がひどいと感じられた場合には専門家による建物診断を受けることも有効です。

　また、燃えやすいものや放火の原因となるようなものを放置しないといった対策も必要です。人為的原因による損傷も完全に防ぐことは難しいのが実情です。このため、まずは事故が起きないための予防措置をしっかりと講じ、万が一、起きたとしても被害が最小限で済むような見通しを立てておくことが重要

です。

2
機能的減価のリスク

　近年、私たちの身の回りでは次々に新製品・新サービスが開発される世の中となりました。それはビル機能に関しても例外ではありません。例えばオフィスビルの場合、Sクラスビル、Aクラスビルといわれる基準は時代の流れと共に変化しており、昨今の基準では、駅から近くて新しく、基準階の床面積が大規模な、いわゆる「近・新・大」を兼ね備えたビルが優良だといわれています。

　また、設備に関しても、個別空調、天井高2.8m以上、OA対応フロア、防災センターによる24時間セキュリティ管理など、一昔前ではおよそ考えられなかったくらいにテナントのニーズが高度化しています。そして、オフィス需要の高い日本を代表するような高度商業地域では、このようなSクラスビル、Aクラスビルにテナントの人気が集中し、空室率も低いのが特徴です（**図表2-3-1**）。

　このような変化は、テナントサイドからすればビルの使い勝手が向上し、快適性が増すわけですから、願ったりかなったりといえますが、所有者サイドからすれば少し話は異なります。つまり、数年前に取得した満室稼働のビルが、いつの間にか**機能的陳腐化**を起こしてしまい、競争力が低下してしまうかもしれないのです。もし保有ビルの設備・機能が陳腐化して競争力が低下すれば、テナントは賃料改定の際に値下げを要求してくるかもしれませんし、使い勝手の良いほかのビルに移転してしまうかもしれません。いずれにしろ、賃料収入のダウンに直結してしまう重大な問題です。

　ただし、むやみやたらにビルの設備・機能を高度化すればいいというわけでもありません。そのビルが立地するエリアのマーケット環境によっては、グレ

図表2-3-1 ● AクラスビルとSクラスビルの空室率の推移

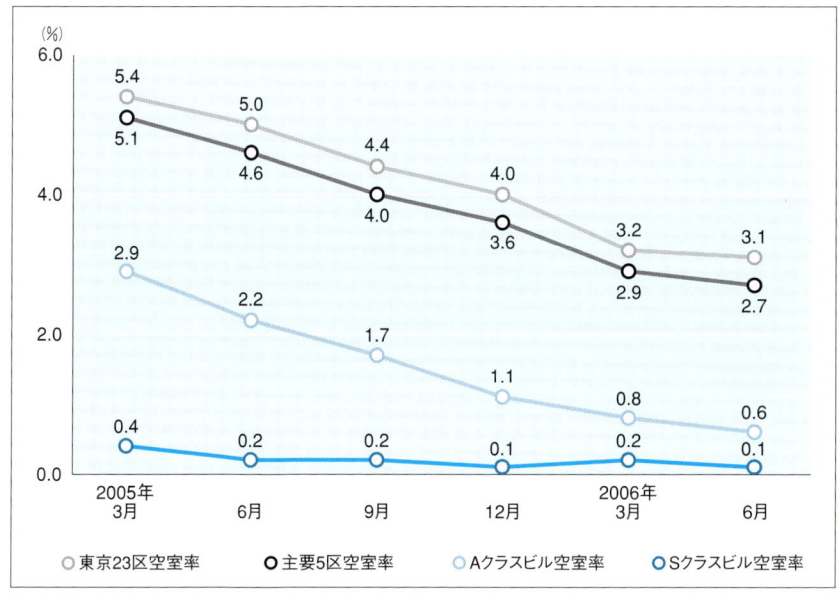

時期	東京23区空室率	主要5区空室率	Aクラスビル空室率	Sクラスビル空室率
2005年3月	5.4	5.1	2.9	0.4
6月	5.0	4.6	2.2	0.2
9月	4.4	4.0	1.7	0.2
12月	4.0	3.6	1.1	0.1
2006年3月	3.2	2.9	0.8	0.2
6月	3.1	2.7	0.6	0.1

	Aクラスビル対象基準	Sクラスビル対象基準
地域	主要5区（千代田区・中央区・港区・新宿区・渋谷区）を中心とするオフィス街として成熟度の高い地域、または将来性の高い地域	左記のなかでも特にオフィス立地として認知度の高いゾーン
延床面積	おおむね1万坪以上	2万坪以上
基準階面積	200坪以上	500坪以上
竣工年	築21年未満	築11年未満
設備	天井高：2.6m以上 空調：1フロア以下で制御可能 床配線：3WAYもしくはフリーアクセス採用 電気容量：30VA/m² 入退室時間：24時間可能	Aクラスビル以上
その他	—	Aクラスビルのなかで、原則として上記基準を満たすものとするが、ビルのランドマーク性、機能性、グレードなどを総合的に勘案して選定

資料：生駒データサービスシステム

ードが高くなくても、テナントの要求が十分に満たされる場合もあるでしょう。むしろそのようなエリアでは、グレードの高いビルは賃料が高すぎてテナントが埋まらない可能性もあります。

　従って、まずはそのエリアにおいて本当に必要な設備・機能は何であるかの調査が不可欠です。そのうえで、今後は似たような良質なビルのストックが増えていくと予想されるので、テナントニーズを見極め、ほかの優良ビルと差別化ができる設備・機能を盛り込んでいく必要があるでしょう。

機能的陳腐化への対処法

　それでは、どのようにしてビルの設備を更新し、機能を向上させれば、テナントの満足度を上げ、競争力を高めることにつながるのでしょうか。その答えを知るためには、そもそもテナント側は一体、ビル機能に関して何を求めているのかについて知っておく必要があります。日経不動産マーケット情報が2005年11月に発行した「第2回オフィスビルテナント調査報告書」には、ビルの設備・機能に関する不満として空調関連が多いことが示されています(**図表2-3-2**)。

　空調関連に関する不満内容を細かくみると、「温度調整がうまくいかない」「場所によって温度差が大きい」「時間外空調費が高い」など様々な意見がありました。暑い寒いなど、温度に関する感じ方は個人差が大きいため、すべての人を満足させるのは難しい面があります。ただ、ビル全体またはフロアごとにしか温度調節ができないビルは競争力を失いつつあり、個別空調に対応したビルがテナントからの支持を得ていくことは確かでしょう。

　オフィスビルのセキュリティに対する要求水準も高まっています。最新ビルの物理的セキュリティでは、ITVモニター(防犯用の監視カメラ)による24時間監視、非接触型ICカードなどによる入退室管理システム、エレベーター不停止機能によるフロア単位でのセキュリティ確保など、最新の機能が導入されてい

図表2-3-2● 入居ビルに対するテナントの評価(10点満点とした平均点。得点が高いほど満足度が高い)

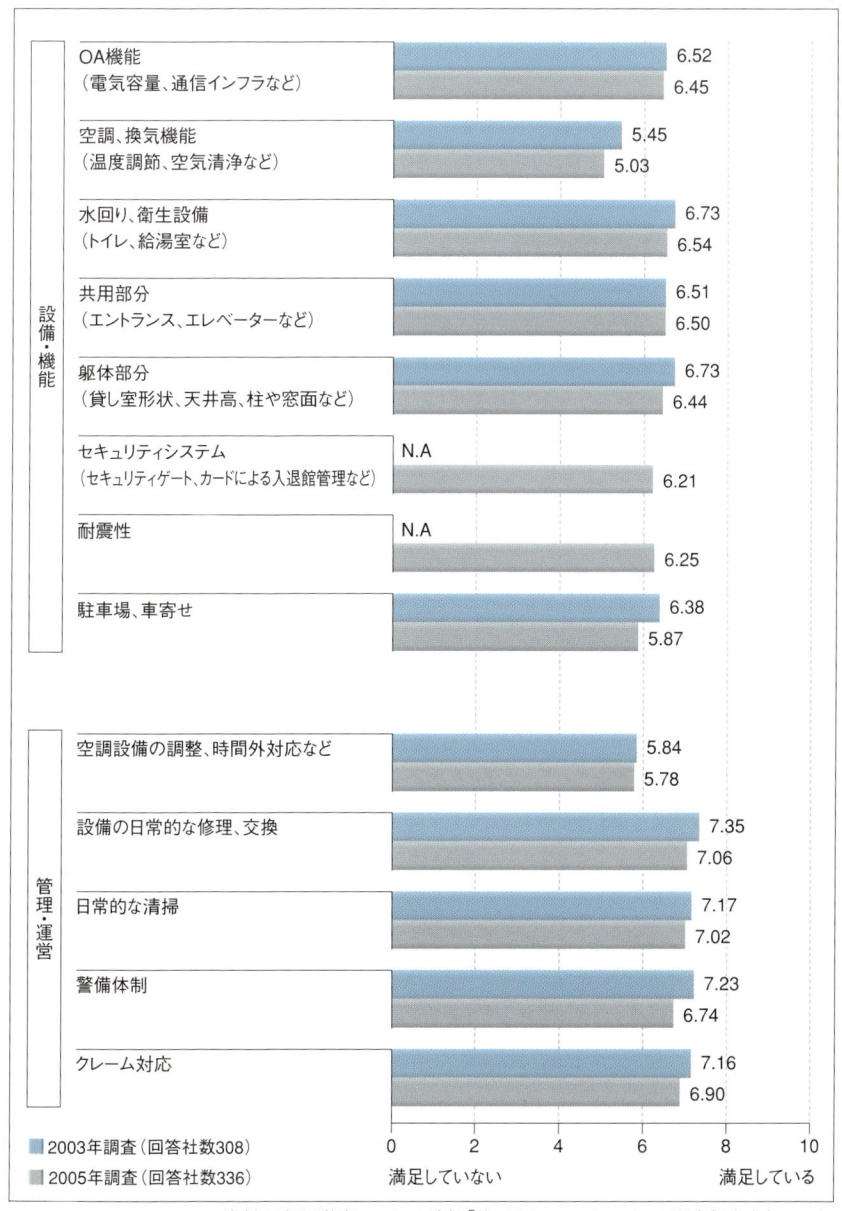

分類	項目	2003年調査	2005年調査
設備・機能	OA機能（電気容量、通信インフラなど）	6.52	6.45
設備・機能	空調、換気機能（温度調節、空気清浄など）	5.45	5.03
設備・機能	水回り、衛生設備（トイレ、給湯室など）	6.73	6.54
設備・機能	共用部分（エントランス、エレベーターなど）	6.51	6.50
設備・機能	躯体部分（貸し室形状、天井高、柱や窓面など）	6.73	6.44
設備・機能	セキュリティシステム（セキュリティゲート、カードによる入退館管理など）	N.A	6.21
設備・機能	耐震性	N.A	6.25
設備・機能	駐車場、車寄せ	6.38	5.87
管理・運営	空調設備の調整、時間外対応など	5.84	5.78
管理・運営	設備の日常的な修理、交換	7.35	7.06
管理・運営	日常的な清掃	7.17	7.02
管理・運営	警備体制	7.23	6.74
管理・運営	クレーム対応	7.16	6.90

■ 2003年調査（回答社数308）
■ 2005年調査（回答社数336）

満足していない ←→ 満足している

資料：日経不動産マーケット情報「第2回オフィスビルテナント調査報告書」2005年

2-3 ビル機能・周辺環境の変化に関するリスクと対応策

ます。未導入の場合は検討を始めるのもよいかもしれません。

さらに、「待ち時間が長い」「運行制御が悪い」「小さな地震でも止まるうえに地震後の復旧も遅い」など、エレベーターに関する不満も多いことがわかっています。エレベーターに関しては、安全であることが大前提ですが、そのうえで、これらの不満にいかに対応できるかが保有ビルの競争力を高める点で重要となってきます。

これら一つひとつのクレームに対して、その都度**リニューアル**（改修）工事を実施していくのは、経済合理性の観点から必ずしも得策ではないでしょう。しかし、いつまでも競争力のあるビルとして運用していくためには、こういった意見を参考にしながらビルの設備・機能を常に最良の状態に維持していく必要があるのです。不動産のプロであれば、マーケット動向やテナントニーズを見極めながら、これらの事項に臨機応変に対応していくことができるでしょう。しかしながら、不動産を本業としていない人にとっては自力では対応できないのが実情です。言葉で説明するのは簡単ですが、実際、何をしたらいいのか戸惑ってしまうのではないでしょうか。

従って、信頼のおける**プロパティマネジメント会社（PM会社）**を選定し、PM会社の担当者と連絡を密に取り、少しでも収益が下ぶれする予兆を感じ取ったら対応策をしっかりと練り、場合によっては多額の費用をかけてでもビルの設備・機能を維持更新していくしかないでしょう。

テナントニーズは時と共に変化し、ビルの設備・機能も日々高度化していきます。時代の波に乗り遅れないように、常に何が必要で何が不要なのかを**費用対効果**の観点から判断します。それらを踏まえてリニューアル工事の是非について検討し、保有ビルの競争力を高めていきます。こうすることによってテナント数および賃料単価の維持・増加へとつながり、価値下落リスクを回避する

コラム

オフィス床の供給量と2010年問題

　東京23区内で予定されている延床面積1万m²以上のオフィスビルはどれくらいあるのでしょうか。日経不動産マーケット情報の2006年6月時点の調べによると、2006年には184万m²、2007年には166万m²、2008年には94万m²、2009年には78万m²、2010年以降は84万m²の供給が判明しています。東京都心部で多くの大型オフィスビルが完成することによるオフィスの供給過剰が心配された2003年（いわゆる2003年問題）には221万m²が供給されました。それと比較すると小さいようにも思えますが、過去からの推移をみる限りでは決して小さい数字ではありません。また、オフィス床面積が絶対的に不足気味であった大阪市でも、梅田駅周辺で大規模な再開発が予定されており、判明しているだけでも20万m²を超えるオフィス床の増加が見込まれています。

　一方、団塊の世代の退職によって、オフィスの需要が落ち込むという見方もあります（2010年問題）。日本経済全体で人口が減少していく潮流の中で、新たなビル建設ラッシュが過度に進めば、ビル市場は飽和状態となります。この場合、競争力のあるビルは新たな需要にも支えられて堅調に推移するものの、競争力を失ったビルは賃料を下げるなどの対応を迫られるおそれがあります。さらに競争力が落ちてくるとテナントが退去してしまい、ついには賃料収入が途絶える可能性も出てきます。

東京23区内にできる延床面積1万m²以上のオフィスビル

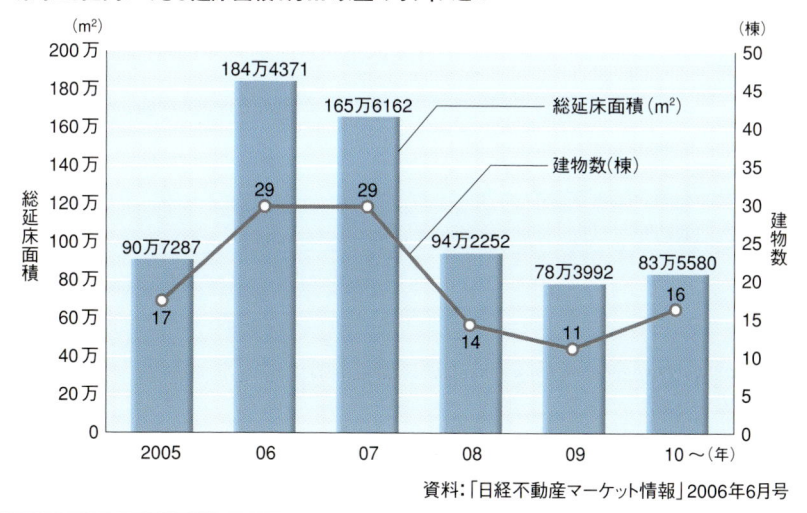

年	総延床面積(m²)	建物数(棟)
2005	90万7287	17
06	184万4371	29
07	165万6162	29
08	94万2252	14
09	78万3992	11
10～	83万5580	16

資料：「日経不動産マーケット情報」2006年6月号

2-3 ビル機能・周辺環境の変化に関するリスクと対応策

ことができるのです。

3
経済的減価のリスク

　日本の法律上、土地と建物は別個の不動産として取り扱われています。ただし、別個のものとはいえ、土地はそれ自体をどのように利用するか（どのような建物が建築可能か）によって、その価値が決まります。さらに、その価値が最も高まる利用方法（**最有効使用**）はその場所ごとに異なりますし、同じ場所でも時代と共に変化していきます。

　例えば、産業規模が小さくて人口も少ない地方都市の駅前に、高機能のビルスペックを備えた超高層オフィスビルを建設しても、テナントは埋まらず、投下資本に比べて物件価値は大きく目減りしてしまうでしょう。確かに建物に投じた費用は多額に及ぶため、建物そのものの価値は非常に高価です。しかし周囲の環境とマッチしていないので、土地と建物一体として不動産をみた場合に最有効使用の状態ではなく、かかった費用よりも低く評価されてしまうのです。

　つまり、不動産は周囲の環境に適合した用途・規模の建物を建設することによって、その価値が高まるのです。ところが周囲の環境は、時代と共に変化していくものです。満室稼働していたオフィスビルが、いつの間にか環境にマッチしない建物となったり、近隣地域の衰退で需要が見込めないビルになり、経済的不適応を起こすことがあるのです。この場合、賃料は減っていくことが予想されます。場合によってはテナントが退去してしまうこともあるでしょう。これこそ、不動産特有の環境変化リスクといえます。

　周囲の環境の変化を予測することはある程度は可能であっても、10年、20年と長期に渡る場合には、難しいといわざるを得ません。例えば、東京・日本橋

地区には老舗の問屋街やオフィスが集積していました。ところが、2000年前後から資産リストラなどの理由で土地が売りに出されるようになり、地価下落の影響も手伝って、次々にマンションが建設されるようになりました(**図表2-3-3**)。オフィスとして貸すよりも、住宅として貸す方が高い賃料が見込めるからです。

さらに、日本を代表するオフィス街の東京・丸の内地区にしてみても、以前はオフィス街としての顔しかありませんでしたが、最近では同じようなオフィス街としての顔をもちつつも、商業店舗が軒を連ねるようになりました。1990

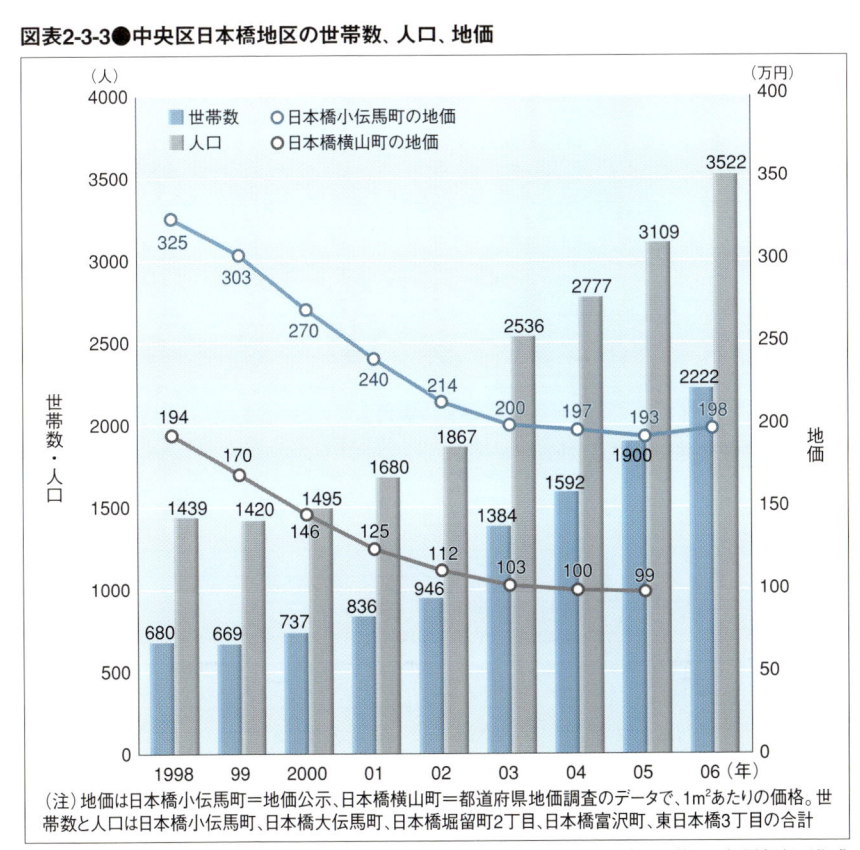

図表2-3-3●中央区日本橋地区の世帯数、人口、地価

(注)地価は日本橋小伝馬町=地価公示、日本橋横山町=都道府県地価調査のデータで、1m²あたりの価格。世帯数と人口は日本橋小伝馬町、日本橋大伝馬町、日本橋堀留町2丁目、日本橋富沢町、東日本橋3丁目の合計

資料:「日経不動産マーケット情報」2003年2月号を基に三菱UFJ信託銀行が作成

年代初頭のバブル期に、このような変化が起きると予想できた人は少なかったはずです。

　このように不動産の最有効使用は、場所ごとに違いますし、同じ場所でも周囲の環境の変化によって常に変動していきますので、周囲の環境の変化について注視していく必要があります。経済的減価は物件そのものの品質・性能に問題があるというよりは、社会的に陳腐化することによって発生する減価、つまり保有ビルや街全体の市場価値が落ちることによって発生する減価と言い換えることができます。

経済的不適応への対処法

　2004年4月、大手不動産会社が所有する東京都内のオフィスビルが賃貸住宅へ**コンバージョン**（用途変更）されました。このビルは1965年竣工で、賃貸オフィ

図表2-3-4●経済的減価の対応フローチャート

```
                  周辺環境の変化
                  はあるか？
           no ─────────────── yes
          ↓                      ↓
         OK                  環境に適合
                             しているか？
                      no ─────────────── yes
                     ↓                     ↓
                                     今後とも適合状態は
                                     続く見通しか？
                                 no ─────────────── yes
                                ↓                     ↓
                         賃料や価格が                  OK
                         下落する兆候があるか？
                  no ─────────────── yes
                 ↓                     ↓
                OK              建て替えやコンバージョン（用
                                途変更）によって再生可能か？
                           no ─────────────── yes
                          ↓                     ↓
                       売却など             建て替えや
                                          コンバージョンの検討
```

150

図表2-3-5●住宅へのコンバージョンに適したビルの判断の目安

①住宅の賃料の方がオフィスの賃料よりも高い地域に位置している(レントギャップの発生)
②空室率が15%を超えている
③新耐震基準を満たしたビル、もしくはそれと同等の性能を有するビルである
④採光面が2面以上ある
⑤敷地が角地または両側で道路に面している
⑥非常時の避難経路が2カ所以上ある(外階段がある)
⑦延床面積が3000m²程度までの中小規模のビルである
⑧竣工図面、検査済証が保管されている
⑨近隣に生活利便施設(スーパー・コンビニなど)がある
⑩駅から徒歩圏内に位置し、道のりも明るい
⑪周辺に生活環境を損ねるような嫌悪施設がない

資料:「ビルオーナーのための建物・設備バリューアップ入門」(東洋経済新報社、2006年)を基に三菱UFJ信託銀行が作成

スビルとして運用する予定でしたが、一棟借りしていた企業が経営破綻して退居することになったために用途を検討。オフィスとして新しく建て替えることも検討しましたが、オフィスとしての需要があまり見込めない地域になっていたことから住宅へのコンバージョンに踏み切りました。耐震壁の強化、バルコニーの設置などの改修に、約4億円かかりました。

　経済的不適応に対処するために、周囲の環境をコントロールできれば問題はないのでしょうが、それには莫大な資金や時間が必要なため現実的ではありません。従って、近隣での大規模な再開発や人口動態の変化など、稼働率や賃料を変動させる予兆を感じ取ったら、まず保有不動産がその地域の環境に不適合となっていないかをチェックします。この時点では不適合となっていなかったとしても、将来はどうなるかわかりません。次に、現状の用途が今後とも環境に適合するのかどうかを判断します(**図表2-3-4**)。

　周辺の環境が変化し、現実に賃料下落リスクや価格下落リスクに直面した場合には、建て替えまたはコンバージョンの可否を検討します(**図表2-3-5**)。検

討の結果、賃料上昇や価格上昇が見込めると予測される場合には、建て替えやコンバージョンによってバリューアップを図った上で、継続保有か売却かを判断します。

　その逆に、建て替えやコンバージョンをしても賃料上昇・価格上昇が見込めない、もしくは賃料上昇・価格上昇がある程度は見込めるが、その値上がり分が投資額に見合わないと予測される場合には、そのまま売却するか、賃料下落・価格下落という現状を甘んじて継続保有するかの選択になります。もし継続保有する場合には、いくらの損失までなら許容して保有するのかを定めておくことも必要です。ただし、この状態になると、物件の価値は大きく下落しているため、売却しようにも買い手がすぐにみつかるか不透明です。

コラム

コンバージョンのメリットと制約

　コンバージョンとは用途変更（オフィス→マンション、ホテル→老人ホームなど）のことをいいます。
　コンバージョンのメリットは、新築に比べて、①コスト面、②環境面、③地域社会面で優れていることです。①は既存建物を活用してリニューアルするので建て替えに比べて経済的に安上がりであることを示しています。②は既存建物を取り壊す必要がないので、建設期間も短縮されるうえに、建設廃棄物の発生が抑制され、CO_2排出量の減少にもつながるメリットです。③はスクラップ＆ビルドを繰り返すのではなく建物を継続使用するので、落ち着きのある街並み形成に資するメリットです。
　一方で、④法律面、⑤技術面、⑥収益面での制約を受けます。オフィスからマンションに用途変更する場合を想定すると、例えば④では、建築基準法には採光規定や窓先空地規制（居室の窓と隣接建物などとの一定距離の確保）があるので、敷地・建物形状による制約を受けます。また、オフィスビルの床スラブ厚はマンションより薄いので、遮音工事が必要であったりします。消防法上の避難路は住宅の場合、2方向避難についての条件や、消火栓、消防器具などの消防設備の設置条件がオフィスよりも厳しい点があります。⑤は給排水やガスなど、配管スペースをどのようにして確保するのかといった設計上の問題です。⑥はオフィスとマンションを比べたとき、オフィスを上回る賃料を得られるエリアが限られるということです。

ちなみに、先ほどのコンバージョン事例は、賃料単価を上げたうえで満室稼働し、運用利回りも従前よりもアップしました。しかし、すべての物件がこのように再生できるわけではありません。住宅に転用してもほとんど需要が見込めず、コンバージョンが失敗に終わる地域もあるでしょう。

　コンバージョンは万能の手段ではありませんので、やはり**マーケットニーズ**をにらみながら保有ビルの競争力を日ごろから維持し、物件の価値を維持向上していくことが必要となります。なお、環境変化リスクへの対応として、信頼のおける不動産会社と付き合い、不動産マーケットについてのアドバイスを受けながら売り時を見逃さないというのも賢い方法の一つです。

4 ライフサイクル・コストからみたビルの維持管理

　これまでに物理的減価、機能的減価、経済的減価について説明してきました。ここで大切なことは、これらの要因はそれぞれ独立しているものではなく、相互に作用しながら投資商品としての不動産の商品価値を下げるということです。従って、長期的な視点で建物の資産価値を維持していくため、これら三つの減価要因を同時に考慮する必要があります。そのためには、ライフサイクル・コストという視点でビルの運営管理計画を立て、実行することが重要です（**図表2-3-6**）。

ライフサイクル・コストとは

　あるオフィスビルの管理を任されたA氏は、徹底したコスト削減によって収益を増やそうと考え、機械設備の修繕費に着目しました。前任者のB氏は、故障もしていないのに、耐用年限が近いからとプロパティマネジメント（PM）会社に言われる通りに保守修繕していたからです。A氏は、PM会社の同じようなアドバイスに対し「まだ故障していないから大丈夫だ」と拒否。その結果、当

初の修繕費は大幅に減り、収益を増やすことに成功しました。しかしながら、その数年後、機械設備のトラブルが相次ぎ、その度に保守修繕を繰り返したものの、結局、耐用年限を前に交換することになりました。このため、その期における修繕費用は大幅に増加。収益を著しく圧迫させることとなりました。

　一言で言えば、キャッシュを手に入れることが不動産投資の目的です。このため、目先の収益に目が行きがちになり、建物の維持管理に関してはどうして

図表2-3-6●建物ライフサイクルのイメージ

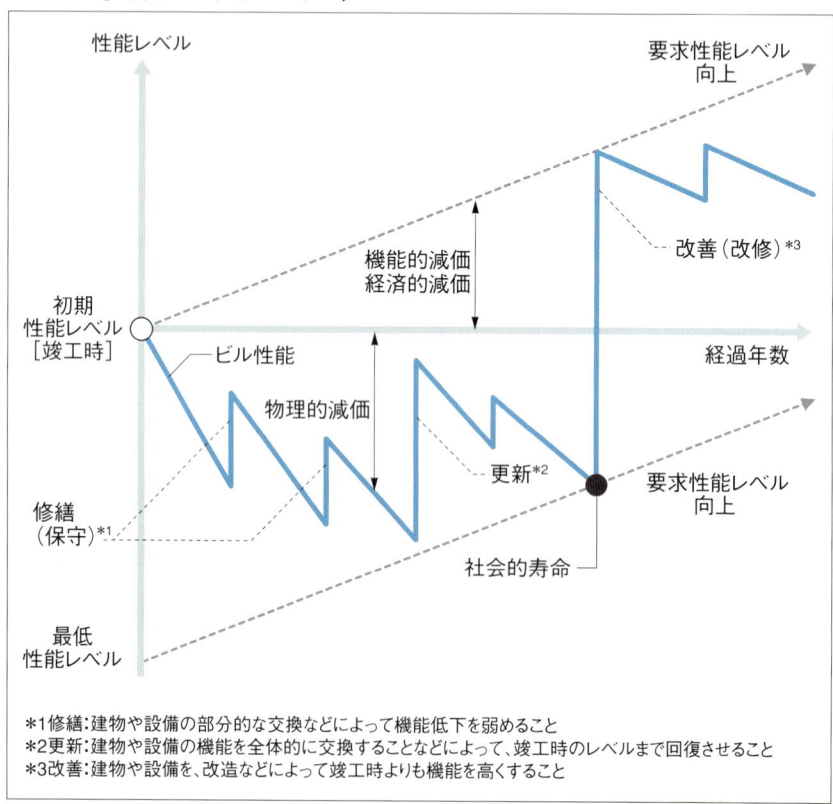

*1修繕：建物や設備の部分的な交換などによって機能低下を弱めること
*2更新：建物や設備の機能を全体的に交換することなどによって、竣工時のレベルまで回復させること
*3改善：建物や設備を、改造などによって竣工時よりも機能を高くすること

資料：「ビルオーナーのための建物・設備バリューアップ入門」（東洋経済新報社、2006年）を基に三菱UFJ信託銀行が作成

も負のイメージをもってしまうことが少なくありません。できるならば費用をかけたくないし、少々の問題に対しては目をつむりたいといったところでしょう。特に投資期間を短く設定し、短期に転売しようとする場合に、その傾向は顕著になります。

　つまり建物の劣化や陳腐化に対しては、事前対応よりも事後対応になりがちです。しかし本当にその対応がベストなのでしょうか。例えば、車を所有している人ならわかるかもしれませんが、日ごろから計画的に部品の交換や修理をしていると、その車は長持ちします。大きな故障が発生するリスクも小さくなりますから、結果的には保有期間を通したコストは小さくなります。これに対して、普段は何も車のメンテナンスをせず、何か起こった時にその都度修理をしていると、ある時突然、重大な故障が発生することがあります。その場合には修理代金に多額の費用がかかることになり、最悪の場合は廃車になってしまうかもしれません。

　上記の例のように、保有期間を通してみた場合に結果的に費用が安くなるのはよくある話で、建物でも同じです。ここで重要な概念となるのが**ライフサイクル・コスト**です。ライフサイクル・コストとは、建物にかかわる生涯費用のことです。一般に建設費、運用費、保全費、修繕・更新費、一般管理費などに分類することができます。例えば、建物にかかわる費用として真っ先に思いつくのは建設費でしょう。建設費は巨額な投資額です。しかしながら、ライフサイクル・コストから建設費をとらえてみると、全体の20〜30％ぐらいに過ぎないことがわかっています（**図表2-3-7**）。

　つまり、あるビルを長期で保有して収益を上げていこうとする場合には、稼働後に要する費用を、いかに効率的に抑えられるかが重要であることがわかります。長期的な視点でコストのかからない方法は何なのかを吟味し、具体的な作業へと落とし込んでいく必要があるのです。ライフサイクル・コストをいか

に低く抑えるかが不動産投資の成功の一つのカギになります。

　資産価値保全のための**プロパティマネジメント（PM）業務**では、①修繕などの必要性の検討、②ライフサイクル・コストに視点をおいた予算の作成、③維持保全計画の策定と実施、などを行います。一般的には建物の修繕などを検討するにあたって、テナントが高く評価してくれるような事項を優先することになります。これらには、個別空調、IT・OA対応設備、セキュリティシステムなどが挙げられます。

　しかし、これらには相当な金額が必要になるため、建物や設備機器の劣化具合と費用のバランスとを考えて実施することになります。このように、建物にかかわるあらゆる費用、すなわちライフサイクル・コストの管理を行うことがPM会社の主要な業務の一つとして位置づけられています。

予防保全の重要性

　物理的減価を未然に防ぐための手法として、**予防保全**があります。予防保全

図表2-3-7●建築物のライフサイクル・コスト

- 解体再利用コスト 2%
- 運用その他コスト 10%
- 改善コスト 2%
- 運用コスト 13%
- 修繕コスト 24%
- 保全コスト 22%
- 建設コスト 25%
- 企画設計コスト 2%

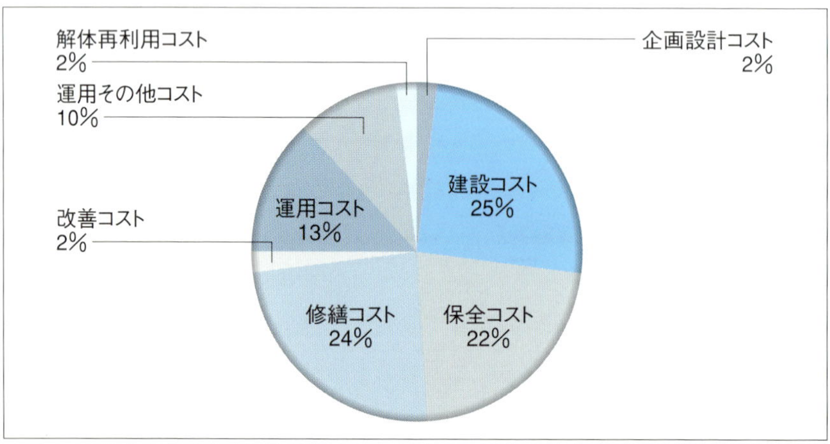

資料：「平成17年度版 建築物のライフサイクルコスト（第1編基礎編より）」（財）建築保全センター

とは、使用時の故障を未然に防ぐために計画的に点検や交換などを行うことをいい、例えば定期点検、オーバーホール、故障前の部品交換・改修などが該当します。これは、物理的減価を未然に防ぐと同時に、結果的には修繕費なども安く抑えることができます。

　先にも述べたように、建物の劣化・損傷は、軽微な段階もしくは特段の支障はないが耐用年限に近いなどの理由で、あらかじめ何らかの対応を取っておけば、耐用年数が延びて結果的に費用が安く済むことが多いのです。もしその段階で放置しておくと、悪化するにつれて維持保全の費用は加速度的に増大することがあります。

　また、故障発生などによる緊急修繕費用は、通常時のものよりも余計に費用がかかることとなります。従って、耐用年数が迫っている設備・機器を、故障や異常発生前に交換するなどの早めの維持保全が重要となるのです。さらに予防保全では、事前に入札などを実施することによって、修繕や更新工事のコストを抑えることも可能です。

維持保全計画を策定する

　物理的減価を未然に防ぐためには、予防保全と同時に維持保全計画を立てることも重要です。維持保全計画とは、建物の保有期間中、いつ修繕、更新、改善していくのかを建物の部位・設備ごとに策定し、予定金額まで積算しておくことをいいます。

　設備・機器の修繕・更新年度を策定するにあたっては、メーカー、日本建築学会、各種業界団体、官公庁が規定した耐用年数や、竣工図面、過去の修繕履歴などを基に計画します。また、各種の設備・機器の修繕費用が単年度に重複しないよう、投資の平準化を念頭におく必要もあります。ただし、実際の劣化状態はその建物の使用頻度や使用状態によって一様ではないので、目視によ

る点検も欠かせません。なお、こういった作業は、素人には難しいので、PM会社とも相談しながら信用のおける建物設備の専門家に診断して作成してもらうのがよいでしょう。

　そもそもビルの運営管理の目的は、適切な維持保全を繰り返すことにより、良質なテナントを逃さず常に高い稼働率を維持して賃料アップを図ることと、物件の価値そのものを落とさないことにあります。そのためには物理的減価、機能的減価、経済的減価を軽減する必要があるというのは先に説明した通りです。ライフサイクル・コストの観点から考えた場合、これら三つを同時に考慮した予防保全に基づく適切な維持保全計画の立案と実施が不可欠なのです。

ビル機能・周辺環境の変化に関するリスクと対応策

ポイント整理

1. 建物の資産価値保全のために、物理的減価、機能的減価、経済的減価を軽減する必要があります。物理的減価とは物的に劣化損傷することによって生じる減価、機能的減価とは設備機能が陳腐化することによって生じる減価、経済的減価とは周辺環境の変化によって市場性が減退して生じる減価です。

2. 物理的減価のうち経年劣化については、エンジニアリング・レポートなどを基に、今後予定される修繕とそれに要する費用を把握できます。ただし予測の限界も踏まえなければいけません。

3. 経年劣化を超える損傷としては、自然災害や人為的なものが原因として考えられます。いずれも偶発的なケースが多いため、分散投資や保険など、事前対応によって被害を軽減することが重要です。

4. 機能の陳腐化による賃料下落やテナント退去への対応手段は、日ごろからテナントニーズをしっかりとキャッチし、費用対効果の観点からリニューアル工事の是非を検討することです。

5. 経済的不適応への対応手段は、周囲の環境の変化を常に注視することです。もし変化の兆候を感じたら、環境への適合度を再度チェックすると共に、マーケットのニーズを基に今後の見通しについても分析することが必要です。

6. 経済的不適応による賃料下落やテナント退去への対応手段には、コンバージョンによって再生を図る方法があります。ただし、法的・技術的に困難な物件や費用対効果の観点から必ずしも適切ではない場合があります。

7. ビル運営管理においては、ライフサイクル・コストの概念が重要です。また、減価要因を軽減するためには、特に予防保全に基づく適切な維持保全計画の立案と実施が欠かせません。

2-4

第2章　保有・運用時のリスク

事故・災害の
リスクと対応策

1 事故・火災などのリスク……………………162
2 地震リスク………………………………166

ポイント整理………………………………182

2-4 事故・災害のリスクと対応策

1 事故・火災などのリスク

　回転ドアやエレベーターなど、日常、建物を利用する中での死亡事故が相次ぎ、建物の安全性がこれまでになくクローズアップされてきています。特に人身事故の場合、不動産の管理責任が問われ、賠償責任の問題になるケースが少なくありません。

　2005年6月、東京のオフィスビルで突然ビルの外壁が落下し、通行人の頭部を直撃するという事故がありました。通行人は意識不明の重体となりました。防水層とコンクリート躯体の間の接着力の低下により、外壁がはがれ落ちたものと考えられています。このビルの外壁は、事件の7年前に補修されていました。

　このような事故は絶対に起こってはならないことなのですが、ビルの外壁は各地でたびたび落下しているのが実情です。それらの多くは幸いにして通行人がいなかったりするだけで、もし人通りの多い場所や時間帯に起きたならば、このような悲劇につながる可能性があります。

❶事故・火災の所有者責任に伴うリスク

　建物の事故は、その不動産が被害を受けるだけでなく、ときとして他人の生命、身体、財産などに損害を与えることがあります。このような場合、不動産の所有者は損害賠償義務を負い、損失が生じる可能性があります。ここでは不動産の所有者責任に焦点を当てて事故・火災のリスクを整理してみましょう。

土地工作物責任

　建物の外壁が落下して通行人がけがをした例のように、不動産の瑕疵(か し)(欠陥)

を原因として、他人に損害を与えた場合には損害賠償義務が発生します。この場合、土地の工作物の占有者すなわち賃借人に過失がなければ、所有者が責任を負うことになります（民法717条）。賃借人は、損害の発生を防止するのに必要な注意をしたときには免責されるのに対して、不動産の所有者は過失の有無にかかわりなく責任を負わなくてはなりません。

土地の工作物には、建物のほか、塀や擁壁などの屋外工作物、回転ドアやエレベーターなどの建物内部の設備が含まれます。これらが通常、備えているべき安全性を欠いている場合に瑕疵があるということになります。

債務不履行責任

賃貸ビルでは、貸し主は賃貸借契約に基づき、貸室をテナントに使用させる義務を負っていますから（民法616条・594条）、例えば火災によってテナントが施設を利用できなくなったり、あるいは施設内の設備や商品などが損害を被った場合には、貸し主は債務不履行によって損害を賠償する義務が発生します。なお、地震で建物が倒壊してしまった場合のように、貸し主に責任がないときには債務は消滅し、債務不履行責任は問われません。

❷事故・火災リスクへの対応

地震などの自然災害と異なり、建物の事故や火災は、適切な対策を講じることで発生自体をある程度、抑制することが可能です。従って、不動産の運用時には事故・火災の未然防止対策が重要になってきます。

建物における事故は物理的な劣化のほか、設備の不具合や誤操作などが原因となって発生します。事故を未然に防止するためには、建物や設備について計画的な点検や部品交換による**予防保全**が欠かせません。通常、年1回から3年に1回程度の建物の定期点検と、月1回から2カ月に1回程度の設備機器や配管・配線の定期検査が必要です。建物の所有者は、これらの業務が適切に実施され

ているかどうかをビル管理会社に定期的に報告させます。

　ときには自ら現場に出向いて巡回点検をすることも大切です。テナントなど建物の利用者からのクレームにも、事故につながる不具合が示されていることが少なくありません。日常からテナントとのコミュニケーションを図ることは、万一、事故が発生した場合に、迅速な復旧のための理解と協力を得るという点からも重要です。

　火災の場合は、①建物の防火構造の基準への適合、②消防用設備の設置といったハード面の対応と、これらを緊急時に的確に活用するためのソフト面の対応、すなわち③防火設備の維持管理と、④防火管理体制の構築とが相まって有効な未然防止対策となります。

　建物の構造上の防火措置とは、建物の主要構造部（柱、梁、床、壁、階段、屋根）を耐火構造にするとか、火災の拡大防止のための防火区画を設けるなどの措置で、建築基準法で義務づけられています。また消防用設備には、警報設備（自動火災報知器）、消火設備（スプリンクラー）、消防活動用施設（連結送水管）、避難設備（避難はしご、誘導標識）などがあり、主に消防法で建物の用途ごとの設置義務が定められています。

　防火設備の維持管理については、消防法で定期点検の回数、方法などの技術基準が規定されているので、法規に則って実施する必要があります。消防法では防火管理体制に関して、収容人数50人以上のオフィスビルなど一定規模以上の建物の管理権原者（管理の最終責任者。普通は建物の所有者が該当します）が、法令で定める講習を受講した者のうちから防火管理者を選任して防火管理上、必要な業務を行わせることを求めています。

　防火管理者は対象建物について消防計画を作成し、これに基づいて防火管理

を遂行することになります。消防計画には、自衛消防組織、火災予防上の自主検査、消防用設備の点検・整備、教育・訓練などの事項が盛り込まれます。

最近は建物の保守管理業務をビル管理会社などの専門の会社に委託する形態が一般的ですが、管理権原者は一定の条件の下で防火管理業務の一部を外部に委託することができます。ただし、この場合においても管理権原者が防火管理責任を免れるものではないことに留意が必要です。

❸事故・火災に関する保険

これまでに紹介した未然防止対策に対して、事後的なリスク対応の手段として保険が有効です。賃貸不動産では、①**普通火災保険**（または**店舗総合保険**）、②**賠償責任保険**の2種類の契約を付保するのが一般的です。

火災保険は物的損害に対する保険の代表的なもので、補償の対象が広く、落雷や風・雪など、火災以外の事故による損害も対象としています。基本商品である普通火災保険は、各種の特約を選択して付帯することにより担保範囲を広げることができます。はじめから担保範囲を広くセットしたのが店舗総合保険です（**図表2-4-1**）。火災保険では地震による火災は補償対象外ですが、地震危険担保特約で補償対象にすることも可能な場合があります（181ページ参照）。

賠償責任保険は、事故などによって他人の身体または財物に被害を与えて、賠償責任が発生した際に、被る損害を補償する保険です。賃貸不動産には、施設賠償責任保険が適しています。エレベーターなどの昇降機が原因の事故を補償対象にするには、別に**昇降機賠償責任保険**を契約する必要があります。

このほか、火災などで建物・設備が損害を受けて休業せざるを得ない場合、家賃収入の減少や人件費、そのほかの固定費などの損失を補償する**利益保険**があります。物的損害額は小さくても、復旧までの営業休止期間が長い事故では

図表2-4-1●普通火災保険と店舗総合保険の主な補償対象

	普通火災保険	店舗総合保険
火災	○	○
落雷	○	○
破裂・爆発	○	○
風・ひょう・雪害 （20万円以上の損害のみ）	○	○
水災（床下浸水は除く）	×	○
盗難	×	○
外部からの物体の飛来	×	○
地震による火災	×	×
保険料の目安	保険金額の 0.02～0.05％程度	普通火災保険料 ＋0.02％程度

（注）保険料は所在地や建物の構造などにより異なる。消火設備割引もある
資料：損害保険各社のホームページを基に三菱UFJ信託銀行が作成

有効です。事故や火災に関する保険の内容は、損害保険会社各社のホームページで調べることができます。

2 地震リスク

　2005年3月20日に発生した福岡県西方沖地震は、福岡地方に大きな揺れをもたらすとともに、商業施設を中心に投資を行っていた不動産投資法人（J-REIT）が保有する三つの建物に被害を及ぼしました。このうち、震度5弱の揺れに見舞われた福岡市博多区に立地する商業ビルでは、壁面の亀裂や剥離、インターロッキング（舗石）の浮き、エスカレーターのステップのずれなど、建物と設備

が損傷を受け、修復に要する費用が1億2000万円以上に上ると発表されました。

❶不動産投資にとっての地震リスク

　世界有数の地震国である日本では、地震が不動産ビジネスの最大のリスクであることは、関係者のほぼ共通した認識であるといえます。地震災害は、不動産事業の収入基盤である建物・設備や土地に直接の被害を与えるだけでなく、テナントや管理会社など取引先の被災によって事業運営に困難を来たす可能性があるからです。不動産ビジネスで想定される地震リスクを、土地や建物などの物的被害による損失と、事業運営上の損失とに分けて考えてみましょう。

土地や建物などの物的被害による損失

　物的被害による損失は、地震の揺れによって土地や建物の構造体や機器などが直接、損傷することによって発生します。この場合、損傷した構造体や機器などの修復や取り替えに要する費用負担のリスクがあります。地盤の液状化や建物の損壊など、被害の程度によっては収益不動産としての価値が低下するリスクも考えられます。

　また、隣接した建物の倒壊によって受ける被害や延焼による火災など、対象とする不動産以外の被害が影響して被る派生的な損失も考える必要があります。

　地震の規模、発生の場所、地盤の性状、耐震化の程度など、色々な要素によって土地・建物が受ける損傷の状況は大きく異なってきます。一般的に損傷の程度によって小破、中破、大破、倒壊に区分して評価します。博多の商業ビルの例のように、修復によって被災前の機能を回復することができる軽微な被害が**小破**で、建物はそのまま使い続けることができます。**中破**は柱や壁などにひびが入って補修をしなければ利用できないレベルです。**大破**になると柱や壁などが破壊され、大規模な補修・補強をしなければなりません。建物全体あるいは一部が崩壊に至れば**倒壊**で、建て替えを必要とします（**図表2-4-2**）。このよ

図表2-4-2●建物被害ランク

倒壊	大破	中破	小破
 建物全体の倒壊	 壁のせん断破壊	 柱のせん断破壊	 軽微なひびわれ
 中間層の倒壊	 壁の滑り破壊	 壁のせん断破壊	
 柱のせん断爆裂	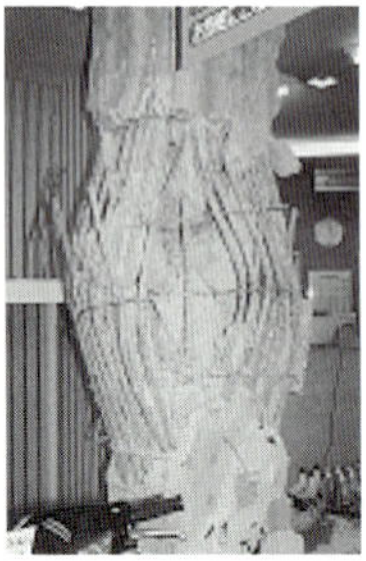 柱のせん断破壊	 柱のせん断降伏	
人命・設備・建物被害が甚大	人的被害・設備・建物被害大 復旧は困難	補修レベルの損傷	復旧可能レベルの損傷

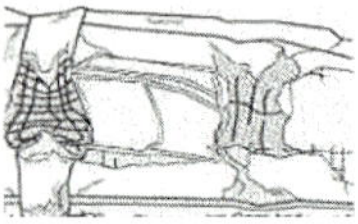

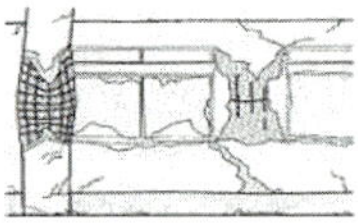

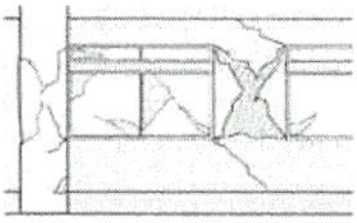

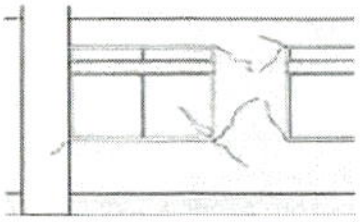

写真と資料:竹中工務店

うに建物の被害による損失の大きさは様々です。修復にかかった費用から被災建物の除去・再建のための費用まで、負担の程度に大きな幅があります。

事業運営上の損失

不動産ビジネスでの事業運営上の損失とは、直接的には建物や設備機器などの損傷によって事業用施設の一部または全部が機能を喪失し、賃貸事業に使用できないという操業損失が挙げられます。

さらに地震の被害はときとして地域的・都市的広がりをもつ可能性があり、道路、上下水道、電力などの都市インフラが被害を受けることがあります。その影響でテナントの経済活動が制約を受けることによる損失、テナント企業の被災による支払い能力喪失による損失などの間接的な損失が考えられます。これらの場合、賃料収入が減少するリスクがあり、ひいては収益資産としての価値が低下するリスクにつながることがあります。

また、被災後の対応次第ではクレームなどの二次被害や風評被害など、その後の事業運営に影響を及ぼすことも考えられます。そのほか、建物の倒壊や火災によって生じる人的被害がありますが、これらは損失の定量化（貨幣価値換算）の是非も含めてリスク評価は必ずしも容易ではなく、別途、評価する場合が多いようです。

❷地震リスクの把握

切迫する大地震

図表2-4-3に示した通り、1995年の阪神・淡路大震災以降も、日本列島には各地で被害をもたらした地震が相次いでいます。

日本列島では毎日300個くらいの地震が発生していて、地域によって規模や頻度に差はあるものの、まんべんなく分布しています。1カ月間をみれば約1万

図表2-4-3 ● 阪神・淡路大震災以降の主な地震

1995年1月	兵庫県南部地震(阪神・淡路大震災)	M7.3	震度7
2000年10月	鳥取県西部地震	M7.3	震度6強
2001年3月	芸予地震	M6.7	震度6弱
2003年5月	宮城県沖地震	M7.1	震度6弱
2003年7月	宮城県北部地震	M6.4	震度6強
2003年9月	十勝沖地震	M8.0	震度6弱
2004年10月	新潟県中越地震	M6.8	震度7
2005年3月	福岡県西方沖地震	M7.0	震度6弱
2005年8月	宮城県沖地震	M7.2	震度6弱

(注)Mはマグニチュード、震度は最大震度　　　　　　　　　　　　　資料：気象庁

個の地震でほぼ列島を覆いつくし、どこに地震が起きてもおかしくないほどです(**図表2-4-4**)。

　特に首都圏においては、北米プレート、ユーラシアプレート、フィリピン海プレート、太平洋プレートの四つのプレート(地球表面を覆う硬い岩板)がちょうど重なって複雑な地下構造となっています。それらの境界の潜り込みが原因で、過去に大地震が多発しています。2005年に政府の中央防災会議が最新の知見を踏まえて想定した首都直下地震は、今後100年以内にマグニチュード7程度の大地震が数回発生するというものでした*。

地震に関する有益な情報の活用

　地震については不明な点がまだ多く、現在の科学の知識では「いつ、どこで、どのくらいの大きさの地震が起きるのか」を正確に予測することはできませんが、最近では30年間に26％といった発生確率で表すようになっています。

　この発生確率などを地域ごとに色分けして示す地震危険度マップ(地震動予

＊ 「首都直下地震対策専門調査会報告」(中央防災会議、2005年)

図表2-4-4●発生した地震の分布図

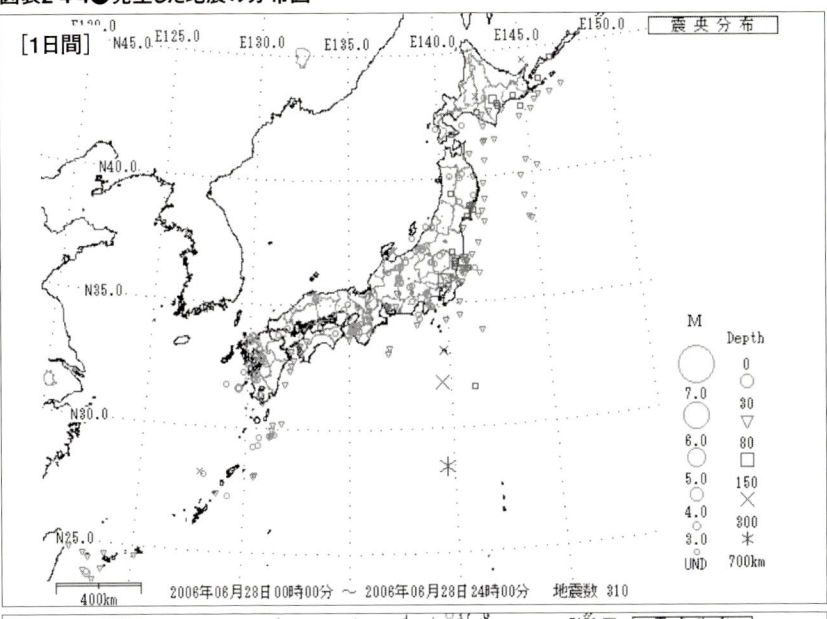

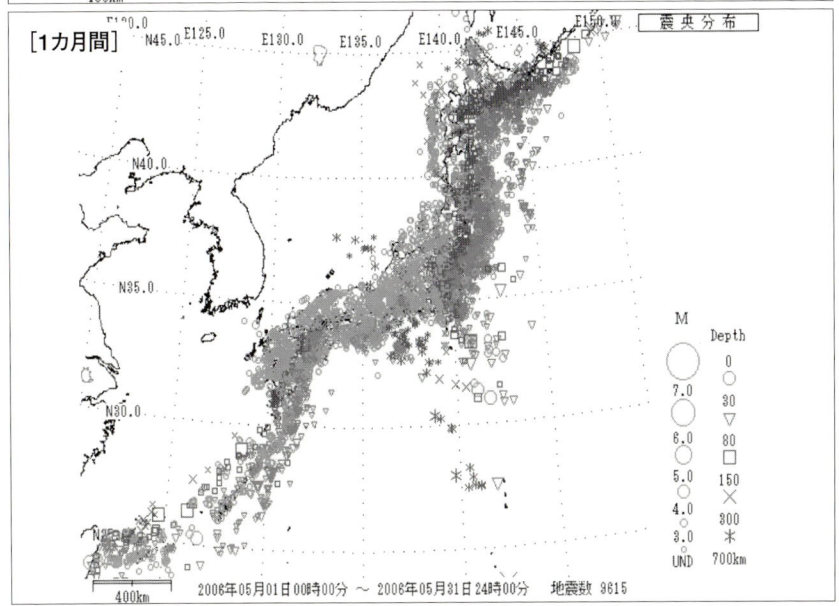

資料:気象庁

測地図）をはじめ、地震に関連する以下のような情報が公表されています。これらのマップは、不動産の立地選択や地盤などの特性に応じた耐震工法などを検討するときに活用できます。

地震動予測地図
主要な活断層や海溝で発生する地震の発生可能性の評価に基づいて、将来、地震による強い揺れに見舞われる可能性を確率などで表した地震危険度マップ。独立行政法人　防災科学技術研究所のホームページ「地震ハザードステーション」（http://www.j-map.bosai.go.jp/）で公開されています（**図表2-4-5**）。

活断層マップ
全国の活断層の所在を示すマップ。活断層がずれて発生する内陸型（直下型）地震は、断層に近いところほど震度が大きいので、揺れによる建物の被害が大きくなります。活断層の調査は阪神・淡路大震災以来、鋭意進められており、情報は日々更新されています。新しい情報は文部科学省や地方自治体から入手できます。

土地条件図
高台と低地が彩色によって区分されている2万5000分の1の縮尺の地形分類図です。①地形分類、②地盤の高さ、③土地保全・防災関係機関・施設が情報として盛り込まれています。地盤災害に遭いやすい低地や窪地などが一目でわかるようになっており、地質・地盤の専門家は、これを用いて軟弱地盤の早期発見と災害回避の対策を講ずることを勧めています。全国の主な平野とその周辺地域について国土地理院が発行し、一般に販売されています。

表層地盤のゆれやすさ全国マップ
地表面の地盤が地震でどれだけ揺れやすいのかを示したマップ。表層地盤の軟らかな場所では揺れが増幅して、硬い場所に比べて揺れは大きくなります。こ

図表2-4-5●地震動予測地図

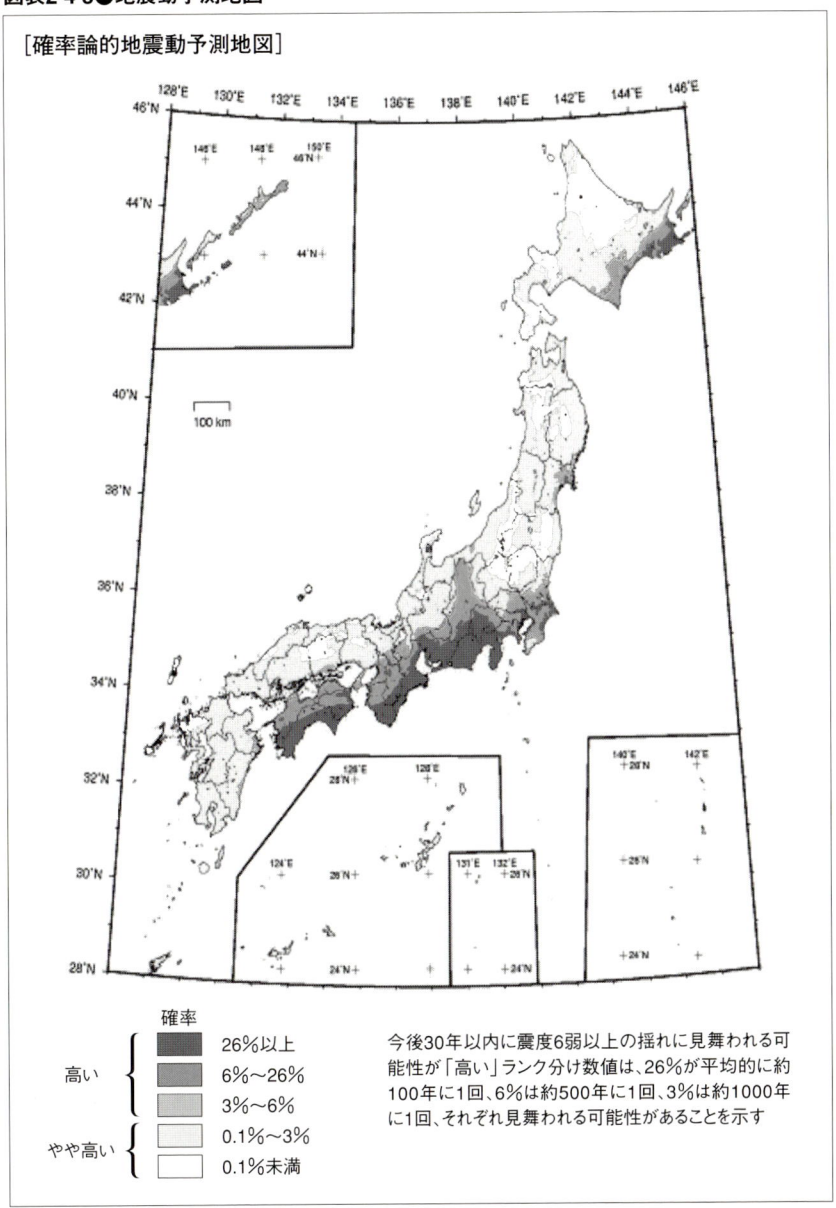

[確率論的地震動予測地図]

確率	
高い {	26％以上
	6％〜26％
	3％〜6％
やや高い {	0.1％〜3％
	0.1％未満

今後30年以内に震度6弱以上の揺れに見舞われる可能性が「高い」ランク分け数値は、26％が平均的に約100年に1回、6％は約500年に1回、3％は約1000年に1回、それぞれ見舞われる可能性があることを示す

資料:『『全国を概観した地震動予測地図』報告書』(文部科学省地震調査研究推進本部、2005年)

の全国マップをベースにした、より詳細なマップを出している自治体もあります（**図表2-4-6**）。

耐震診断

　阪神・淡路大震災の後、「建築物の耐震改修の促進に関する法律（耐震改修促進法）」が施行され、「旧耐震」の建物は、耐震診断の上で「新耐震」基準を満たさない場合は改修するよう努める義務が課せられました。対象となるのは、オフィス・商業施設など多くの人が利用する一定規模以上の建物です。

　2006年1月には、耐震化の実効が上がるよう行政指導の強化と支援の拡充を内容とする改正法が施行されました。これによって、耐震診断や改修について自治体の指示や立ち入り検査が可能になり、従わない場合は所有者名を公表されることがあります。一方で、「耐震改修支援センター」による債務保証・情報提供のほか優遇税制など、建物所有者が耐震化を進めるための支援策が拡充されています。

　建物の耐震診断は、建物の設計図や履歴調査などの予備調査、目視による外観調査や材質調査などに基づいて建物の耐震性能評価を行います（**図表2-4-7**）。耐震診断では、詳細な調査と耐震性を判定するための耐震指標の算定などに費用と時間がかかるため、予備調査をして耐震診断の必要性を判断します。

　耐震診断は通常、第1次の簡便な診断法から、第2次、第3次の精度の高い診断法までの方法が用意されています。診断が高次になれば結果の信頼性は高まりますが、評価方法も複雑になり、期間と費用もかさむことになります。どの診断方法を適用するかは、対象の建物の特性などに応じて適宜、判断します。実務では第2次診断法が最も多く利用されています（**図表2-4-8**）。

　耐震診断は建築構造の専門家に依頼する必要があります。耐震診断業務を実

図表2-4-6●表層地盤のゆれやすさ全国マップ

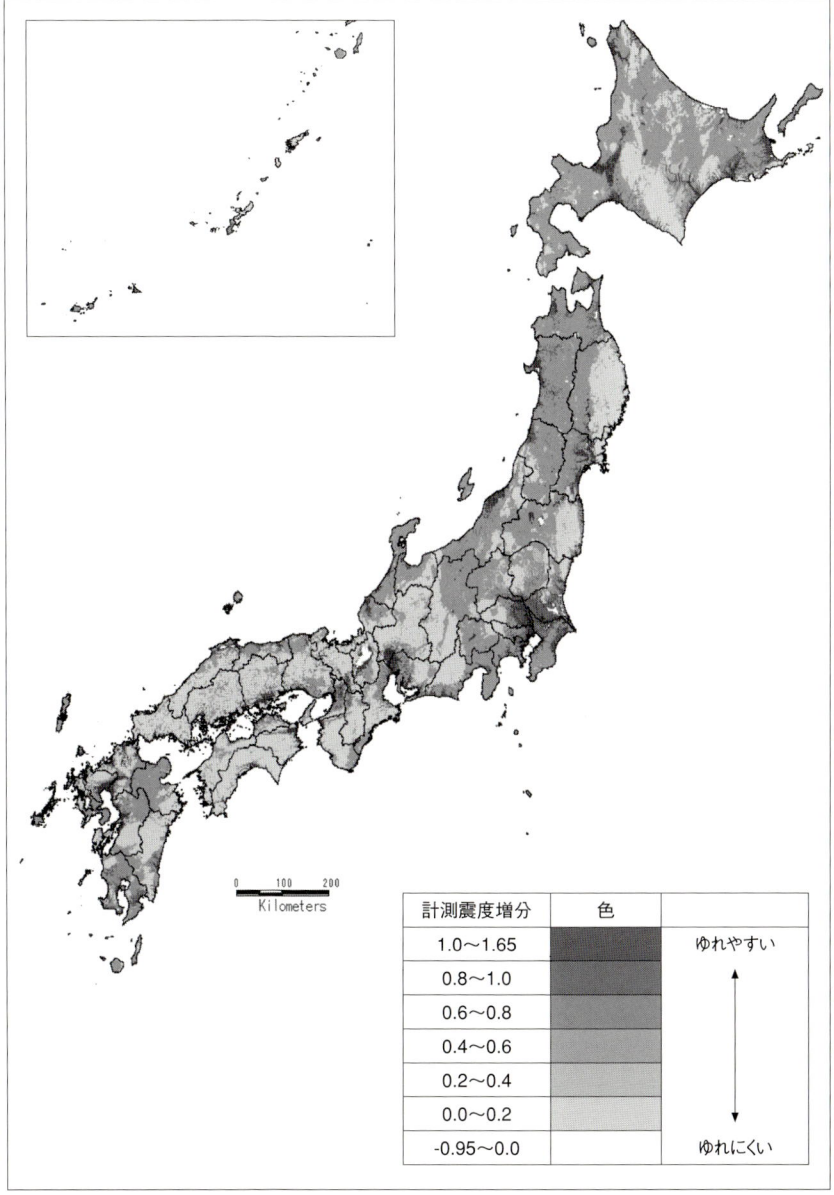

計測震度増分	色	
1.0〜1.65		ゆれやすい
0.8〜1.0		↑
0.6〜0.8		
0.4〜0.6		
0.2〜0.4		
0.0〜0.2		↓
-0.95〜0.0		ゆれにくい

資料：内閣府

図表2-4-7●耐震診断のフロー

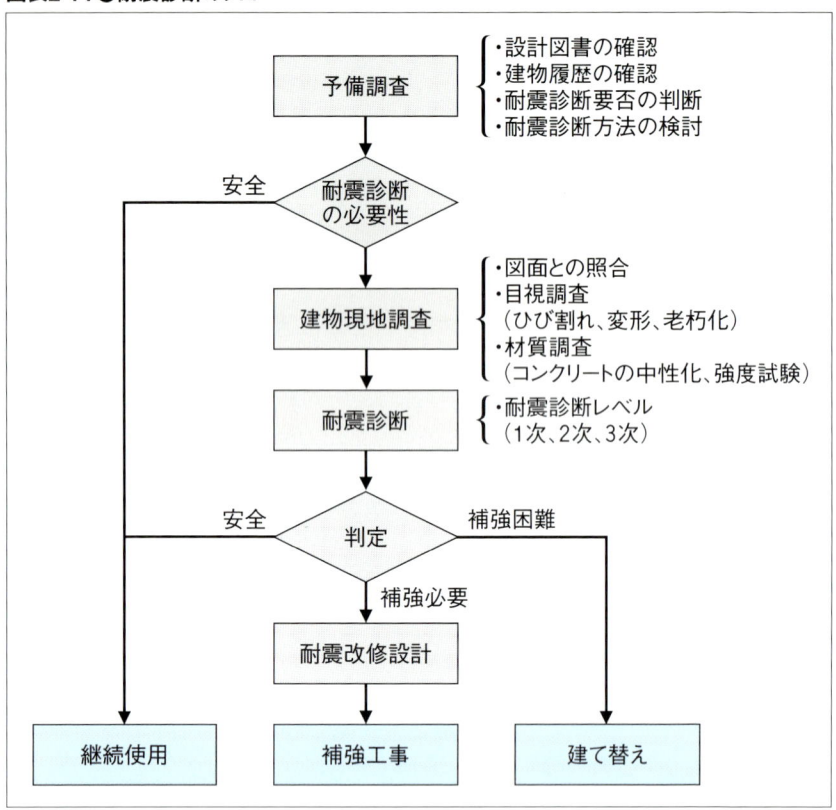

```
                予備調査 ┤ ・設計図書の確認
                   │      ・建物履歴の確認
                   │      ・耐震診断要否の判断
                   ↓      ・耐震診断方法の検討
        安全   ◇耐震診断の必要性◇
         ←─────┤
                   ↓
                建物現地調査 ┤ ・図面との照合
                   │         ・目視調査
                   │          （ひび割れ、変形、老朽化）
                   │         ・材質調査
                   ↓          （コンクリートの中性化、強度試験）
                耐震診断 ┤ ・耐震診断レベル
                   │       （1次、2次、3次）
                   ↓
        安全  ◇判定◇  補強困難
         ←────┤─────→
                   ↓補強必要
                耐震改修設計
                   ↓
    継続使用    補強工事    建て替え
```

資料：(社)日本建築構造技術者協会の資料などを基に三菱UFJ信託銀行が作成

図表2-4-8●耐震診断の内容と費用の目安

診断法	対象建物	内容	費用の目安 （1坪あたり）
1次診断	壁の多い低層建物、RC・SRC構造	柱・壁の断面積から耐震性を簡便計算	800円～1000円
2次診断	壁の少ない建物、RC・SRC構造	柱・壁の強度のほか、鉄筋量などからじん性（粘り強さ）を考慮して耐震性を計算	3000円～5000円
3次診断	高層建物やS造の建物	2次診断法の計算に加え、梁の強度も合せて精度の高い計算によって耐震性を判定	

資料：「建物の耐震技術に関する調査・研究報告書」（日本損害保険協会、2001年）、「ビルオーナーのための建物・設備バリューアップ入門」（東洋経済新報社、2006年）などを基に三菱UFJ信託銀行が作成

施する機関は、(財) 日本建築防災協会のホームページ (http://www.kenchiku-bosai.or.jp/) に公開されている建築士事務所のほか、(社) 建築業協会の会員各社が行っています。

❸地震災害への対応
建物の耐震対応

耐震診断の結果、建物の耐震性が不十分ということになったら、必要に応じて耐震補強を検討します。耐震補強の方法としては、①建物の強度を高める**強度向上型**、②建物の変形性能を高めて粘り強さ（靭性）を向上させる**じん性向上型**がよく知られています。これ以外にも上記①②を組み合わせた強度・じん性向上型や制震・免震構造を用いる方法などがあります。

上記①②について一般的な工法を以下に示します。①強度向上型としては、耐震壁やブレース（筋かい）の増設などが一般的で、袖壁を増設して柱と一体化し、柱の強度を向上させる工法もあります。施工性や建物の使い勝手、さらに美観に配慮した補強なども実施されています。②じん性向上型の代表的な工法は柱の補強です。柱に溶接金網や鉄板などを巻く方法が一般的ですが、最近多く使用される方法として炭素繊維のシートを樹脂を使って柱に貼り付ける工法があります（**図表2-4-9**）。

上記の補強方法が、建物の強度やじん性を向上させて地震力に抵抗するのに対して、制震・免震工法は、地震によって建物にかかる力（地震力）を低減させる方法です（**図表2-4-10**）。

このうち**制震工法**は、構造体の特定の場所に設置された装置（ダンパー）にエネルギーを吸収させることによって、建物全体の地震時の負荷を低減し、建物の耐震安全性を確保する構造です。制震構造にすることで、通常の耐震構造と比べると、建物が受ける地震の加速度や変形を30〜50%程度にまで低減できる

といわれています。

　一方、**免震工法**は建物下部に変形しやすい積層ゴムなどの部材を設置し、地震力を大幅に低減させ、同時にこの部分でエネルギーを消費するものです。いわば建物と地盤を「絶縁」させることで地盤からの揺れを建物に伝えにくくする工法です。

　既存の建物の耐震補強・改修にこの免震構造を導入する**免震レトロフィット**の件

図表2-4-9●耐震補強の工法・技術

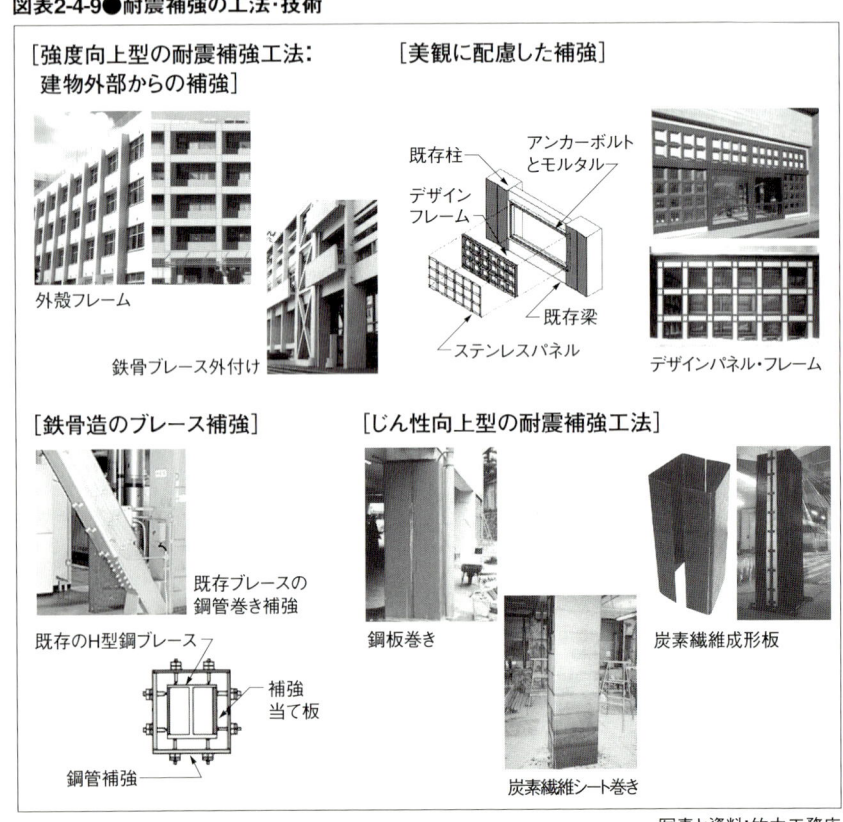

［強度向上型の耐震補強工法：建物外部からの補強］
　外殻フレーム
　鉄骨ブレース外付け

［美観に配慮した補強］
　既存柱／アンカーボルトとモルタル／デザインフレーム／既存梁／ステンレスパネル
　デザインパネル・フレーム

［鉄骨造のブレース補強］
　既存ブレースの鋼管巻き補強
　既存のH型鋼ブレース／補強当て板／鋼管補強

［じん性向上型の耐震補強工法］
　鋼板巻き
　炭素繊維成形板
　炭素繊維シート巻き

写真と資料：竹中工務店

数も増加しています。歴史的建造物や神社などの保存・改修や、病院・半導体工場などに導入されることが多く、基礎、中間層などに免震装置を組み込む方法があります。免震によって、地震時に建物内部にいる人や家具が受ける揺れの強さは、通常の耐震構造の3分の1〜10分の1に低減されるといわれています（**図表2-4-11**）。

免震レトロフィットは通常の耐震補強に比べるとコスト・期間とも余計にかかりますが、工事が免震階に集約できるので、必ずしも入居者が移転しなくて

図表2-4-10●建物の構造形式のイメージ

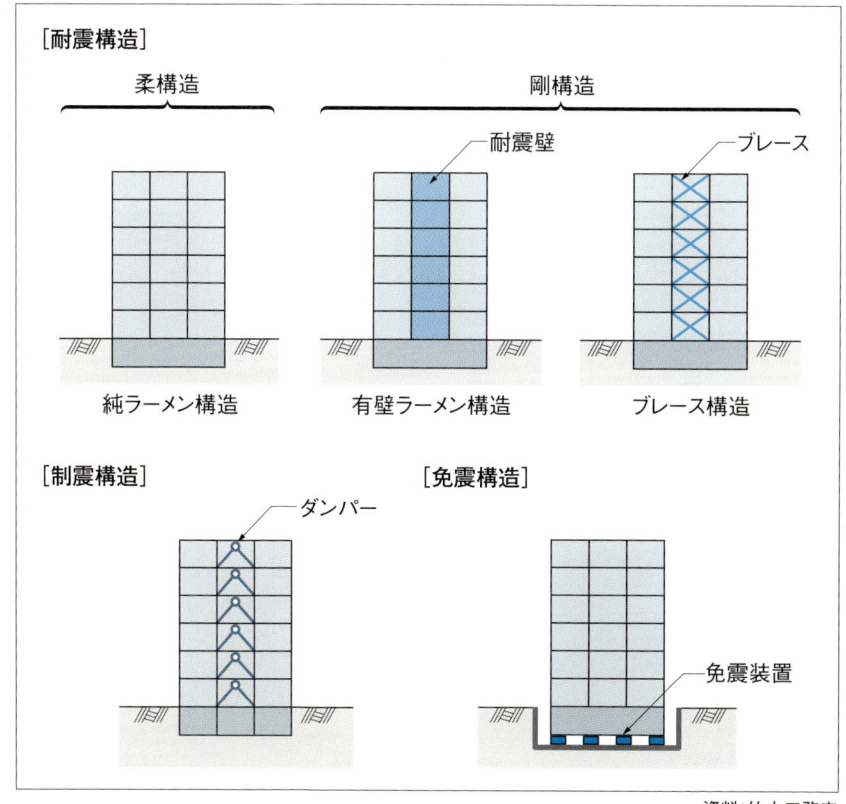

［耐震構造］
- 柔構造：純ラーメン構造
- 剛構造：有壁ラーメン構造（耐震壁）／ブレース構造（ブレース）

［制震構造］ダンパー

［免震構造］免震装置

資料：竹中工務店

済むメリットがあります。建物損傷の補修費用も少なくて済むことなどから、その費用対効果は十分に大きいものと考えられます。最近の免震構造の普及に伴い、免震装置の大量生産でコストの低下も進んでいます。建物の規模、形状、用途、地盤の条件などによって変わってきますが、工事費用は10階建て以上の中高層オフィスビルの場合、通常の3〜5％アップが目安になっています。

保険など

地震による財物の損害を補償する保険として、個人の住宅向けには法律に基

図表2-4-11●免震装置の組み込みによる免震レトロフィット

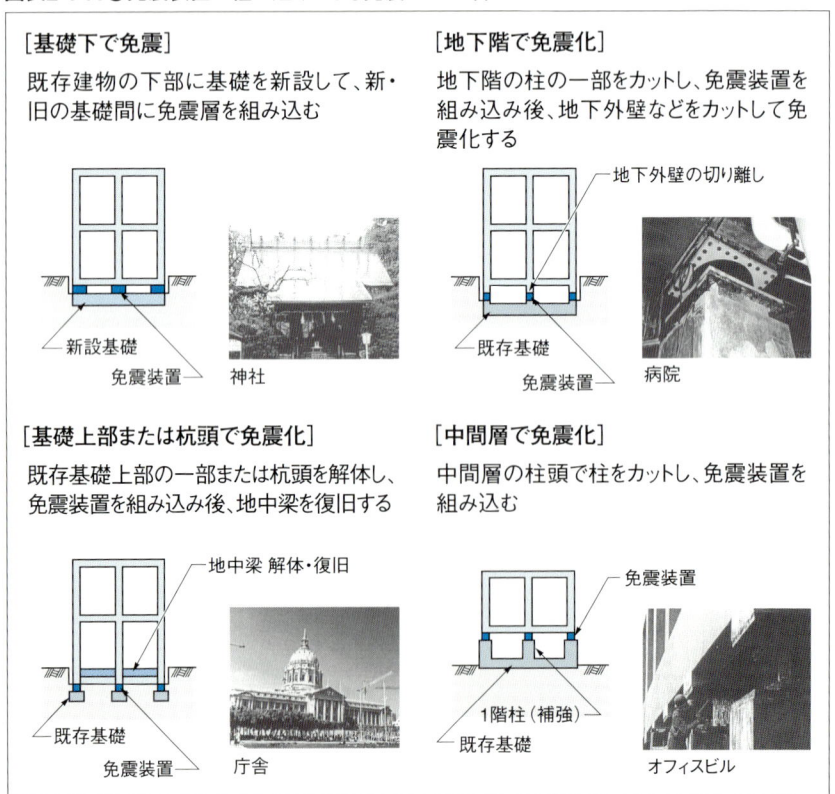

[基礎下で免震]
既存建物の下部に基礎を新設して、新・旧の基礎間に免震層を組み込む

［地下階で免震化］
地下階の柱の一部をカットし、免震装置を組み込み後、地下外壁などをカットして免震化する

［基礎上部または杭頭で免震化］
既存基礎上部の一部または杭頭を解体し、免震装置を組み込み後、地中梁を復旧する

［中間層で免震化］
中間層の柱頭で柱をカットし、免震装置を組み込む

写真と資料：竹中工務店

づいて運用される地震保険があります。しかし、事務所や店舗などは対象になりません。これらの不動産に対しては、火災保険の特約として**地震危険担保特約**を付保する形がとられます。

保険料は建物の構造や築年数などによって異なります。所在地によっては極めて高額の保険料になることが多く、例えば東京、神奈川、静岡では保険金額の3～4％となっています。ただし、大地震の発生周期や規模、損害額などが求めにくいことや、再保険の手配が難しいことなどから、多くの損害保険会社は引き受けには慎重です。

地震などの大規模自然災害がもたらす被害への保険金支払いリスクを、証券化して資本市場で売買する手法も開発されています。保険では取りきれないリスクを、幅広く投資家に分担してもらおうというわけです。東京ディズニーランドでは、**CAT債券**（Catastrophe Bond、地震ボンド）を発行し、一定規模以上の地震が一定領域内で発生した際に保険金を受け取れるようにしていました。

近年、このCAT債券をはじめ、証券化のしくみを利用したリスク移転方法（ART＝Alternative Risk Transfer、代替的リスク移転）が開発されてきていますが、発行コストが高く、今後の普及が課題になっています。

ポイント整理

事故・災害のリスクと対応策

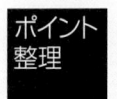

1. 建物の事故で他人の生命、身体、財産に損害を与えた場合、不動産の所有者に過失がなくても土地工作物責任による損害賠償義務が生じることがあります。事故で使えなくなった賃貸ビルの貸し主には、テナントに対する債務不履行責任が問われる可能性があります。

2. 事故や火災は未然防止対策が有効です。そのための点検や検査などを計画的に実施する「予防保全」が欠かせません。火災の予防では、建物の防火構造、消防用設備などハード面での対応と、防火設備の維持管理や防火管理体制のソフト面での対応を、建築基準法と消防法に則って適正に実施することが必要です。

3. 事故・火災の事後的なリスク対応手段として、火災保険と賠償責任保険を付保するのが一般的です。

4. 地震は建物の被害だけでなく事業そのものにも影響を及ぼす可能性があり、不動産投資の最大のリスクの一つです。特に首都圏では、今後100年の間にマグニチュード7程度の大地震発生の切迫度が高いとみられています。

5. 地震に備えるために、まず地震に関する情報と地盤や建物の耐震性の把握が必要です。「旧耐震」の建物は、耐震診断によって「新耐震」基準を満たしているかどうかを確認することが急務です。

6. 建物の耐震補強には様々な工法が開発されています。免震工法は地震の揺れを建物に伝えにくくする工法で、コストパフォーマンスも向上しつつあります。

7. 地震保険は保険料が割高のうえ、多くの保険会社が引き受けには慎重です。保険市場では取りきれないリスクを証券化して資本市場で売買する手法として、CAT債券などの新たなリスク移転手段が開発されています。

第3章 売却時のリスク

売却時の
リスクと対応策

1 流動性リスク……………………184
2 売却時のリスクの実例…………186
3 法改正のリスク…………………192

ポイント整理………………………197

3 売却時のリスクと対応策

不動産の売却時の最大のリスクといえば、売りたいときに売りたい価格で売れないことでしょう。その要因としては、不動産マーケット全体の低迷やその不動産の収益の悪化、物理的、法的な瑕疵の発生など様々な要因が挙げられます。売却時のリスクは、これらのリスク要因をいかに管理するかにかかっています。第1章で紹介した通り、リスク管理は不動産の購入時から始まっています。購入時点で不動産のリスクを見抜き、対応することが重要です。また、第2章で記載したように、購入後の運用時でもリスク対策によって不動産価値は大きく変わってきます。つまり、購入時、保有・運用時のリスクへの対応と管理が、売却時のリスクの大きさを決め、売却のしやすさや価格に影響するということです。本章では、そのようなリスクの中でも、売却時に大きな影響を及ぼす可能性の高いリスクについて取り上げます。

1 流動性リスク

以前から自宅の買い替えを検討していたA氏は、ついに条件にぴったりの物件の紹介を受け、購入することにしました。購入資金は借り入れと売却資金で充当することを予定していましたので、早速、自宅の売却活動に入りました。ところが、いざ売りに出してみると、簡単には買い手が現れません。そうこうするうち数カ月が経ち、購入物件の代金の支払い期限が迫ってきました。購入資金は全額借り入れで賄える金額ではありません。そこでやむをえず、保有していた株券を売却して充当することとし、株の売却を証券会社に依頼しました。株券は一週間で換金でき、支払い期限に間に合わせることができました。

不動産の売却を考える場合、ほかの投資商品である株や債券と比べて決定的に違う点は何でしょうか。それは不動産がほかの資産よりも流動性が低く、売

りたいときに売りたい価格で売れない、いわゆる**流動性リスク**が高いということです。不動産は個別性が強く、価格が高額であるといった特性を有しています。また、その流通マーケットは株などに比べて発達しておらず、情報も不足しています。これらが流動性リスクを高める要因となっています。

不動産は地形や建物の状況などが物件ごとに異なり、二つと同じものがない（代替性がない）という特性をもっています。また「早急に資金化したいときは相場よりも安い価格で売ってしまう」「税法上の買い替え特例の期限があるので高くても買ってしまう」というように、売り主、買い主の個別の特殊事情が価格に影響するケースも多々あります。こうしたことから、不動産の価格は個別に形成されるものであり、相場価格として把握することは困難であるといわれています。いくらで売れるかのめどを立てにくく、見込んでいた金額で換金しにくいリスクをもっているという訳です。

不動産の取引は高額であるため、資金調達能力の大小によって市場参加者が限定されます。これも、流動性リスクを高める要因の一つとなっています。現状では、インターネットオークションのように、多くの投資家が自由に売り情報、買い情報を閲覧できるようなシステムも十分に普及しているとはいえず、ごく限られた関係者だけで取引されることも少なくありません。

株や債券は流通市場が発達しており、同じ種類のものが日々頻繁に取引されています。取引価格の相場も明確で、それに近い価格で売りに出せば時間をかけずに換金することが可能です。最近ではJ-REITのように流通市場において売買可能な証券化商品が誕生し、不動産マーケットもかなりオープンになってきました。しかし、現物の不動産は今でも相対取引が主流であることには変わりなく、ほかの商品と比べて流通市場が整備されているとはいえません。

情報開示についても、欧米諸国と比べるとまだ遅れています。不動産の取引

価格の公開制度も整備途上にあり、投資用不動産の運用に関して長期のトラックレコード（賃貸収益の実績）などの開示も少ないのが現状です。こうした理由から、株や債券投資の代替物として不動産をみた場合に、機関投資家は投資に慎重にならざるを得ないのです。政府や民間団体が不動産流通マーケットの整備を進めようと取り組んでいますが、しばらく時間がかかりそうです。

2 売却時のリスクの実例

不動産市況が好調であったバブル期には、どんな不動産でも売りに出せば、希望する価格で買い手がみつかる状態でした。このため、売却時のリスクは問題にされていませんでした。

バブル崩壊後の不動産不況を経て、不動産が金融商品として注目されるようになり、不動産取引は再び活況を取り戻しています。ただし、今の不動産マーケットをリードする買い手である投資家は、売り物件があれば物件も見ずに何でも購入していたバブル期の買い手と違い、まずデューデリジェンスを行い、その不動産のリスクを詳細に調べたうえで、厳選して物件に投資します。その結果、リスクの多い物件やリスクを回避・軽減できない物件は取引の対象とされにくくなっています。つまり、良い条件で売却するためには、不動産の有する様々なリスクをできる限り排除していく必要があるということです。ここでは、「売りたいときに売れない」「売りたい価格で売れない」「売却後に損害賠償請求される」といったリスクについて、具体事例に沿って改めて整理してみましょう。

❶物理的な瑕疵が要因となるケース
アスベストを含む不動産は市場価値が下がる
1993年、「アスベストの存する不動産の市場価値は24％減額する」という内容の論文が米国不動産鑑定協会の「The Appraisal Journal」に発表されました。

米国の不動産鑑定人へのアンケート調査を基にまとめられたものです。今のところ日本の不動産マーケットにおいて、アスベストが存する不動産の価格についてまとめられたデータはありません。しかし、米国と同様に日本でも売買価格に影響が生じるのは間違いありません。

　アスベストの処理を先延ばしにしておくと、売却時に損失が表面化することになります。適正な価格で売却するには売却前に処理する必要がありますが、処理に時間を要して売却時期を逸してしまうかもしれません。買い主にその処理を委ね、その分、価格を下げて売却するという選択肢もありますが、米国の調査結果などをみると、処理費用以上に価格が低下することもありえます。好条件で売却したいのならば、事前にアスベストの処理は終えておくことをお勧めします。
　　　　　　　　　　　　　　　　　　　　　　　　　　　(48ページ参照)

売却後に耐震偽装が発覚して買い戻し

　2005年3月、東京都内のある賃貸マンションが大手不動産会社の特別目的会社に譲渡されました。しかしその約9カ月後、構造計算上の強度不足がみつかり、耐震偽装マンションであることが発覚しました。これを受けて建築主である売り主は、建物の耐震補強工事を実施し、住民に対して退去費用や迷惑料を支払いました。さらに、新たな入居者が決まるまでの期間、買い主に対して賃料を補填する方針を固めました。しかしその後、未稼働物件となってしまったことなどを考慮し、最終的には買い戻すこととなりました。一連の取引における売り主の損失額は、耐震補強工事に1000万〜1500万円、住民への退去費用として約2500万円以上と報道されました。

　建物の耐震強度は人命にかかわることなので、投資家は厳重に調査します。耐震偽装であることを知らなかったとしても、売却した場合には売り主として責任を問われます。上記のように多額の支出を強いられ、大きな損失につながるケースもあるのです。
　　　　　　　　　　　　　　　　　　　　　　　　　　　(63ページ参照)

土壌汚染で信託受益権化できずに価格低下

　X社は所有していた倉庫を売却することにしました。不動産投資の対象として倉庫が注目を集めていた時期だったので、ある投資ファンドYから信託受益権での取引を前提に思った以上の価格で引き合いがありました。しかし、デューデリジェンスの過程で土壌調査を行ったところ、敷地の一部から、わずかながら基準値を超える有害物質が検出されました。土壌汚染を完全に除去するためには建物を取り壊さなければならないことから、信託受託するところがみつからず、取引を断念せざるを得ませんでした。X社はその後、自社使用目的で現物のまま購入する別の会社に売却することにしましたが、Yの希望価格と比べて10％以上価格が下がってしまいました。

　最近の不動産マーケットの取引を支えるのは証券化マーケットであり、購入者の多くをJ-REITをはじめとした投資ファンドが占めています。取引の形態は現物不動産のままではなく、信託受益権として取引するのが主流です。土壌汚染やアスベストなどの有害物質がある物件や違法建築物は、信託受託を拒否される場合があり、売却価格の減額要因となったり時期の遅れとなって影響します。そうならないために、早い段階で処置をする心がけが必要です。

　　　　　　　　　　　　（48ページ、59ページ、94ページ参照）

瑕疵担保責任を追及され損害賠償

　売り主のA社は、保有する土地建物を、マンション建築用地としてB社に売却しました。その後B社は、建物を解体してマンションの建設工事を始めました。ところが掘削を始めると、地中から大量のコンクリート杭が出てきました。B社は、マンション建築の障害となる隠れた瑕疵であることを指摘し、A社に対して瑕疵担保責任を追及。A社は撤去費用として3000万円を支払いました。

　隠れた瑕疵が発見されてから1年の間は、買い主から瑕疵担保責任を追及され、解約や損害賠償を求められる可能性があります。ただし、売り主の瑕疵担

保責任を免除したり期間を限定したりする特約を定めることは可能です。しかし、この例のように特約の取り決めがない場合は、売り主は賠償責任を問われます。契約時に瑕疵担保責任の負担や免除、およびその期限についても取り決めておくことが重要です。 (92ページ参照)

❷近隣や周辺環境などが要因となるケース
境界確定の同意書が取れずに減額

2002年11月、ある倉庫会社が所有する賃貸オフィスがJ-REITに126億5000万円で譲渡されました。この物件は隣地所有者との境界確定が完了しておらず、売買契約締結後、引き渡し予定日までに境界確定に関する同意書を売り主の責任で取り付けることを、売買契約の条件としていました。しかし、隣地所有者との協議は予想外に難航し、引き渡し完了日までに同意書を取り付けることができなくなってしまいました。結局、双方の協議のうえ、約3600万円の代金減額を売り主側がのむことで合意。売り主は境界確定が容易に完了すると思っていただけに、思わぬ誤算となりました。

不動産を売買する際には、紛争を避けるべく、売り主の責任において隣地所有者との間で境界確定をしておくのが通常です。もし境界確定がなされていない物件を取得する場合には、後日、境界紛争が起こるリスクを勘案して売却価格を決定することが必要です。上記事例では、当初予定していた金額よりも安くなってしまいました。境界確定がいかに重要かおわかりいただけるでしょう。
(76ページ参照)

周辺環境と適合しなくなり買い手がつかず

A不動産は、業務拡張に伴い、手狭になった支社を閉鎖しました。建物自体は古くないので賃貸に供することも可能です。そこで、ビルをそのまま売りに出しました。ところがまったく買い手がつきませんでした。周辺のマーケットを調査したところ、周辺地域は近年オフィスビルが激減し、跡地に続々とマン

ションが建設されている状態です。このままオフィスビルとして売りに出していても買い手がみつかりそうもありません。そこで、オフィスビルを住宅に**コンバージョン**（用途変更）して売りに出すことにしました。今度はすぐに買い手が現れ、元の価格に改装費を上乗せした価格以上に高く売ることができました。

　この例のように、周辺環境の変化によって需要が少なくなってしまった物件は、そのままでは買い手をみつけるのが困難です。経済的減価が生じている建物は、コンバージョンした方が高く売れる場合もあります。売却にあたっては、周辺のマーケットの変化を見極めることが重要です。　　　（150ページ参照）

近隣住民の反対で契約がキャンセルに
　2006年4月、投資顧問会社Tはすでに契約をしていた都心にあるオフィスビルへの投資を断念して解約しました。このビルは外観が特徴的な色をしており、そのことに対して近隣住民から「周辺の風景と調和しない」との声が上がり、色の変更を求める運動に発展していました。そのため、投資顧問会社Tは投資の出資者である投資家に対して、このビルを取得する意味を説明できないという理由で取得を断念しました。このビルに対しては、その後、行政も色の変更を要請しました。

　これは近隣住民の反対運動を受けて、買い手が購入を断念したケースです。売り手は取引をキャンセルされ、大きな見込み違いとなってしまいました。物件の価値を守るには、近隣環境に配慮した外壁の色にすることも必要だという教訓です。ちなみにこのビルには、別の買い手が現れて売却されたようですが、当初の契約よりも数カ月遅れることになりました。

❸テナントの行動が要因となるケース
テナントの物置で違反を問われて売り時を逃す
　O社は都内で所有していたビルを売却することにしました。幸い、すぐに買

い主のP社がみつかって、価格などの条件も大体まとまりました。ところが、契約までの間に、買い主がデューデリジェンスをかけたところ、建物の横に設置されている物置が原因で建築基準法上の容積率違反になっていることがわかりました。これは、1階で営業しているカフェから「従業員が更衣室として利用したいから置かせてほしい」と頼まれ、その時は、邪魔にもならないので気軽に了承したものです。

　O社は、P社に対して売買価格で調整しようと交渉を試みました。しかしP社は、このビルを購入した後、証券化する目的があるので、建築基準法違反の建物はささいな違反でも買うことはできないと主張しました。次にO社は、テナントのカフェに、物置を撤去したいと申し入れました。ところがテナントは、「従業員の着替えをするスペースがなくなると営業できなくなる。事前に許可を得たではないか」と言って応じてくれません。結局、テナントとの交渉が長引くうちにP社との契約はキャンセルになり、O社は売り時を逃してしまいました。
　　　　　　　　　　　　　　　　　　　　　　　　（132ページ参照）

定期借家契約なのにテナントが退去して価格が下がる

　D社は、所有するビルをE社に売却しようとして準備している最中に、テナントから賃貸借契約の解約通知を受けました。このテナントとの契約は定期借家契約で、まだ1年以上も期間が残っています。途中の解約は原則として認められないにもかかわらず、業績が悪かったせいか、一方的に解約を申し入れてきたのです。結局、その月から賃料の支払いも止まりました。

　E社は、購入の検討を取り止めることはしませんでした。ただ、このテナントの賃借部分の賃料について、賃貸借契約の残存期間中は0円であると評価。キャッシュフローを計算し直した末に、売買価格の引き下げを求めてきました。売り主のD社は、価格を引き下げても取引をした方が良いと判断し、契約を結びましたが、テナントとの問題も責任を持って処理する約束をさせられてしま

いました。　　　　　　　　　　　　　　　　　（122ページ参照）

　これらは、いざ売却しようとした際にテナントの行動が原因となって、売りたい時期に、売りたい価格で売却できなかった事例です。日ごろからテナントの管理を怠らないことがいかに重要か、おわかりいただけることでしょう。

3
法改正のリスク

　ある大手加工メーカーが、郊外の幹線道路沿いに保有する10万m²の工場について、事業リストラの一環として売却を検討していました。ショッピングセンター開発会社から取得の打診もあり、ロードサイド型の大規模ショッピングセンター用地として100億円ぐらいで売却できることを見込んでいました。

　そんな折、2006年5月にまちづくり三法の改正が成立しました。まちづくり三法とは、中心市街地の活性化を目的としたもので、改正都市計画法、大規模小売店舗立地法、中心市街地活性化法の三つの法律を指します。今回の改正により、大規模集客施設（床面積1万m²を超える店舗、映画館、アミューズメント施設、展示場など）の立地が規制されます。施行されるとそれまで建設が可能であった工業地域、第二種住居地域、準住居地域、非線引き都市計画区域及び準都市計画区域の白地地域の土地には、これらの施設を新たに設置することができなくなります。この大手加工メーカーの工場についても、工場や倉庫として活用する買い手しか見込めなくなり、候補先が限定され、すぐに売却することが困難となってしまいました。

　不動産は様々な法律によって規制されており、規制に従った利用範囲のなかで価格が決められます。そのため規制の変更は、不動産の価値に影響を与えることになります。特に法改正によって以前より制限が厳しくなった場合は売却

価格が低下し、場合によっては売却できなくなることもあります。

　不動産を規制するものとして、建築基準法、都市計画法、消防法などに加えて、これに基づく政省令・告示、地方公共団体の条例など、様々な規定があります。不動産はこれらの規定により、建築可能な建物の用途・規模や構造・設備、材料はもとより、土地に関しても造成や土壌などについて制限され、その規定に適合するように建設や開発が行われます。

　しかし、これらの不動産にかかわる法令などは、政治、社会、経済環境の変化や技術革新などに対応して改廃され、また、新たな法令の制定や基準の設定などが絶えず行われてきました。法や規定が改正や新設されることにより、建設当時に適合していた不動産も、新基準では規模や用途などが適合しなくなってしまうケースがあります。このような場合、その建物は**既存不適格建築物**（当初適法であったが法改正などで適法でなくなった建物、71ページのコラム「既存不適格建築物と違法建築物」参照）となります。

　違法建築物と違い、既存不適格建築物となっても、すぐに是正工事をする必要はありません。ただし、建て替えや増改築などを行う場合には、その時点での基準に則した用途や規模のものしか建てられなくなります（**図表3-1-1**）。

法改正が価格に影響を与える

　例えば、都市計画で指定容積率が下げられたときは、現状と同規模の建物が建てられなくなり、その不動産の将来の収益力や売却価格を低下させることになります。高さ制限が厳しくなったことで、指定容積率をすべて活用することができなくなり、売買価格に影響を及ぼすケースも考えられます。先の事例のように「まちづくり三法」の改正によって工業地域にある工場跡地で大規模ショッピングセンターができなくなったケースでは、売却の候補先が限定され、建て替えて賃貸するにしても用途が限られ、価格や収益に影響を与えます。ま

た、かつて認められていたアスベストの使用が禁止されたことによる代替材の使用や、エレベーター扉の遮煙性能が認められなくなったことによる防火戸の設置など、基準が厳しくなったことによって、新築や増改築の際に、従来よりも余分に費用が発生することもあります。環境保護を目的とした法などが新たに制定され、大気や土壌などについてこれまで以上に調査、除去の義務などが厳しくなると、さらにコストアップにつながります。

容積率の変更で価格に影響

指定容積率が変更になると、不動産の価格に影響を及ぼします。**図表3-1-2**では、マンション開発会社が分譲マンションの開発を前提に土地の購入価格を算出するケースを想定しました。敷地面積1000m²の第2種中高層住居専用地域

図表3-1-1●不動産にかかわる主な法令と改正による既存不適格の例

不動産にかかわる法令			法令改正による既存不適格の例
建物単体にかかる規定	建築基準法、消防法、屋外広告物法、文化財保護法など	構造	旧耐震基準による耐震性能
		防火	エレベーター扉の遮煙(遮煙性能が認められなくなった)
		材料	アスベスト吹き付け材の使用
		設備	シックハウス対策にかかわる機械換気設備の未設置
建物相互の関係や土地にかかる規定	都市計画法、景観法、宅地造成等規制法、土壌汚染対策法など	用途	工業地域での大規模集客施設(「まちづくり三法」改正後)
		規模	指定容積率が下がり容積率が不適合
		形態	建物高さが日影規制、絶対高さ規制に不適合
		その他	福祉配慮設備設置、緑化推進、省エネなどの不適合

を対象にしています。容積率が200％から150％に引き下げられることによって延床面積が減少し、販売戸数が減ります。この結果、マンション開発会社が支払えるマンション素地としての価格は、3億7000万円から2億6000万円に低下することを示しています。

　逆に規制が緩和されて、不動産の価値が上がることもあります。2004年に東京都千代田区の丸の内・大手町・有楽町地区で容積率が1000％から1300％に引き上げられました。このことは、従来より大規模な建物の建設を可能とし、その地区の不動産の価値を上昇させています。都市再生特別措置法に基づき「都市再生特別地区」に指定されたことで、容積率をはじめとした規制が緩和され、活用の自由度が増して不動産の利用価値が高まった地域もあります。

図表3-1-2●指定容積率の引き下げによる価格の変化のイメージ

		引き下げ前		引き下げ後
敷地面積		1000m²		
用途地域		第2種中高層住居専用地域		
指定容積率		200％	➡	150％
建築可能なマンション	容積対象延床面積	2000m²	➡	1500m²
	階数	4階	➡	3階
	一戸あたり面積	65m²		
	総戸数	30戸	➡	22戸
	一戸あたり分譲価格	3300万円		
分譲マンションの素地価格		3億7000万円（37万円／m²）	➡	2億6000万円（26万円／m²）

法改正の情報をこまめに入手することが重要

　法律の改正は防ぐことはできません。対策としては、まず法改正や新たな規制の制定に関する情報について、日ごろからこまめに入手することが重要です。そのうえで、いつまでであれば旧基準での建築が可能か、いつまでであれば売却しやすいかなどを把握します。早目に対応することで、改正による損失を軽減できる場合もあります。

　法改正前に、駆け込みで売買や建築確認申請が殺到する、という例は実際によくみられます。近い将来、法が改正されて建築規制が厳しくなる場合、保有している不動産の売却や有効使用を前倒しで検討することも必要といえます。このような外的要因の変化について臨機応変に対応していくことは、リスクを軽減する上で重要です。

＊　　　＊　　　＊

　本章では、本書でこれまで紹介してきた不動産投資のリスクを踏まえて、特に売却時に影響を与えるリスクについて取り上げてみました。この種のリスクは結局、売却をする最適時期や価格に影響を与えることとなり、不動産の価値そのものを左右する要因になります。リスクが発生または発覚した際に対応を先送りにすると、その不動産の価値を下げることにもなりかねません。将来、売却を考えている場合はもちろん、売却を予定していない場合でも不動産の価値を維持、向上させていくために、日ごろからリスクの管理とその対応を欠かさないことが肝心です。

> **ポイント整理**

売却時のリスクと対応策

1. 不動産の売却時のリスクの管理は、購入時点から始まり、その後の運用により、大きく左右されます。

2. 不動産は、ほかの投資商品と比べると流動性が低く、「売りたいときに売りたい価格で売れない」という流動性リスクを有しています。

3. 不動産の流動性リスクが高いのは、不動産は個別性が強く価格が高額であるといった特性をもち、流通マーケットは株などに比べて発達しておらず、情報も不足していることなどが要因といわれています。

4. 売却時のリスクはバブル期にはあまり重視されませんでしたが、最近の投資家はリスクを詳細まで調べて物件を選定します。リスクを回避・軽減できないと、投資対象とみなされにくくなります。

5. リスクを放置すると、「売りたいときに売れない」「売りたい価格で売れない」という状況を招きます。不動産の価値を維持、向上させていくために、日ごろからリスクの管理とその対応を欠かさないようにしましょう。

[不動産投資リスク　主なチェックポイント]

1-1
- ☐ 取得から保有・運用、売却までの一貫した投資戦略を立てているか …………21ページ
- ☐ 金利の上昇または下降を想定し、借入期間や変動・固定の別を選択しているか ……31ページ
- ☐ 開発物件への投資では、許認可、計画変更、近隣問題、完工、工事遅延、事業費増加、リーシング、マーケット変動などのリスクを想定しているか ……………35ページ

1-2
- ☐ 物理的リスクを適正に評価しているか。証券化案件などの大型不動産では、エンジニアリング・レポートを取得しているか …………………………………………44ページ
- ☐ アスベストの使用の有無を確認しているか。アスベストがある場合、契約書で処理費用の負担や賠償責任の範囲を明示しているか ……………………………………48ページ
- ☐ PCBの使用の有無を確認しているか。PCBがある場合、管理・保管・処理に要する費用負担を明確にしているか ……………………………………………………56ページ
- ☐ 土壌汚染の有無を確認しているか。土壌汚染がある場合、契約内容を確認しているか ………………………………………………………………………………59ページ
- ☐ 「旧耐震」の建物の場合、「新耐震」相当の耐震性能を確保しているか。証券化案件などの大型不動産では「新耐震」の建物でも第三者によるピアレビューを実施しているか ……………………………………………………………………………64ページ
- ☐ PMLはいくらか ………………………………………………………………65ページ
- ☐ 違法建築物、既存不適格建築物ではないか。違法建築の場合は、是正することができるか ………………………………………………………………………68ページ

1-3
- ☐ 担保権や用益権といった第三者の権利がついていないか ……………………74ページ
- ☐ 隣地との境界承諾が取れているか ………………………………………………76ページ
- ☐ 自ら現地に足を運んで確認しているか …………………………………………79ページ
- ☐ 共有や区分所有の物件の場合、利用や処分に関して制限がないか ………79ページ
- ☐ 借地権付き建物の場合、売買の際に借地権の譲渡について地主から承諾が得られるか ……………………………………………………………………………86ページ
- ☐ 購入する物件に隠れた瑕疵があった場合に備えて、売買契約で瑕疵担保責任や表明保証を定めているか ……………………………………………………………92ページ
- ☐ 取得する際に、現物と信託受益権とを比較して、どちらが有利か検討しているか ……………………………………………………………………………94ページ

2-1
- ☐ 景気の変動によって賃料水準が下落し、収益性が下がることを想定しているか ……102ページ
- ☐ 賃料下落リスクの回避策として、定期借家契約やマスターリース契約を検討しているか ……………………………………………………………………………103ページ
- ☐ 不動産の価格が下落することも想定し、利回りなどをみているか ………106ページ
- ☐ 関係する税制（税率、税額、適用要件）を正しく理解し、今後の改正について情報収集をしているか ……………………………………………………………115ページ

2-2

- [ ] テナントの賃料滞納を想定し、余裕のあるキャッシュフローを計画しているか　122ページ
- [ ] 安易にテナントの転貸借や同居の承認をしていないか　122ページ
- [ ] 新たに入居するテナントは、ビル全体のテナント構成と合っているか　125ページ
- [ ] マルチテナント(複数テナント)とシングルテナント(単独テナント)のメリットとデメリットを認識しているか　125ページ
- [ ] どのようなテナントを誘致するのかについて、アセットマネジャーやプロパティマネジャーと考えを共有しているか　131ページ
- [ ] テナントが内装工事を行う際に、建物損傷や法令違反がないよう、事前にルールを徹底しているか　132ページ

2-3

- [ ] エンジニアリング・レポートなどを基に、予定される修繕の時期と要する費用を把握しているか。特に大規模修繕の費用を積み立てているか　139ページ
- [ ] 自然災害や人為的な損傷に備えて、分散投資や保険など、被害軽減策を検討しているか　141ページ
- [ ] 日ごろからテナントニーズをキャッチし、費用対効果の観点からリニューアル工事の是非を検討しているか　142ページ
- [ ] 周囲の環境変化に対応して、建て替えやコンバージョン(用途変更)などを検討したか　150ページ
- [ ] ライフサイクル・コストの観点から、計画的な保守・修繕などを行っているか　153ページ

2-4

- [ ] 建物の事故で第三者に損害を与えた場合、所有者に過失がなくても損害賠償義務が生じることを想定しているか　162ページ
- [ ] 建物の事故でビルが使えなくなった場合、貸し主が債務不履行責任を問われることを想定しているか　163ページ
- [ ] 事故・火災の事後的なリスク対応手段として、火災保険と賠償責任保険を付保しているか　165ページ
- [ ] 地震は不動産投資の最大のリスクの一つ。震災後にも価値を維持できるビルであるための手段を検討しているか　166ページ

3

- [ ] 不動産はほかの投資商品と比べると流動性が低く、「売りたいときに売れない」「売りたい価格で売れない」というリスクがあることを理解しているか　184ページ
- [ ] 売却時に備え、日ごろからリスク管理、対応を行っているか。発生、発覚したリスクを先送りしていないか　196ページ

主要参考文献

- 石塚義高「不動産管理工学」(清文社、2002年)
- 内田貴「民法Ⅰ[第3版]、民法Ⅱ、民法Ⅲ[第3版]」(東京大学出版会、1997年~2005年)
- 小澤英明「建物のアスベストと法」(白揚社、2006年)
- 環境省環境管理局大気環境課「吹付け石綿の使用の可能性のある建築物の把握方法について[地方自治体向け手引き]」(2001年)
- 鑑定評価理論研究会「要説不動産鑑定評価基準＜改訂版＞」(住宅新報社、2003年)
- 建築業協会「耐震改修による安全・安心な街づくり」(2006年)
- 国土交通省 宅地・公共用地に関する土壌汚染対策研究会「土地取引における土壌汚染問題への対応のあり方に関する報告書」(2003年)
- 国土交通省国土交通政策研究所「社会資本運営における金融手法を用いた自然災害リスク平準化に関する研究」(国土交通政策研究第62号、2006年)
- 新版ビル管理ハンドブック編集委員会「新版ビル管理ハンドブック」(オーム社、1999年)
- 田辺信之「基礎から学ぶ不動産投資ビジネス」(日経BP社、2004年)
- 中央防災会議 首都直下地震対策専門調査会「首都直下地震対策専門調査会報告」(2005年)
- 内閣府政策統括官(防災担当)「『表層地盤のゆれやすさ全国マップ』について」(2005年)
- ビル経営研究会「最新ビルの経営と管理」(商事法務研究会、1984年)
- 不動産証券化研究会「基礎からよくわかる不動産証券化ガイドブック」(ぎょうせい、2004年)
- 三菱信託銀行不動産金融商品研究会「図解不動産金融商品」(東洋経済新報社、2001年)
- 三菱信託銀行信託研究会「信託の法務と実務〔4訂版〕」(金融財政事情研究会、2003年)
- 三菱UFJ信託銀行不動産コンサルティング部「図解不動産証券化のすべて」(東洋経済新報社、2006年)
- 森島義博、八巻淳、廣田裕二「土壌汚染と不動産評価・売買」(東洋経済新報社、2003年)
- 森島義博、小林亨「J-REIT投資のすべて」(金融財政事情研究会、2004年)
- 森島義博、菊地克仁、寒河江孝、小長谷敏行「ビルオーナーのための建物・設備バリューアップ入門」(東洋経済新報社、2006年)

おわりに

　三菱UFJ信託銀行は、1927年(昭和2年)の創業以来、不動産業務を行ってきました。保有土地の活用方法を相談したい、不動産の売却・購入を考えたい、保有ビルの管理を依頼したい、不動産の流動化・証券化を考えたい、保有不動産の価格を知りたい、といった様々な要望にお答えしてきました。現在、三菱UFJ不動産販売と合わせたグループ全体で1100人の不動産担当者がおり、年間5000件、1兆6000億円相当の不動産の売買仲介、7兆円に迫る流動化不動産の受託をしています。

　三菱UFJ信託銀行の不動産部門では、長年の多岐にわたる業務経験のなかで、数々の不動産関連リスクに直面し、具体的に解決してきました。本書は、このような不動産業務の現場における様々なリスクへの対応体験を基に、不動産コンサルティング部のメンバーが執筆したものです。できるだけ実務的に記載するように心掛けました。本書が皆様のお仕事に、少しでもお役に立てば幸いです。

　最後になりましたが、本書の出版は、企画段階から日経BP社「日経不動産マーケット情報」編集部の全面的なご協力と貴重な資料提供のもとに何とか形をみたものです。編集部の皆様に、この場を借りて感謝申し上げます。

索引

■ **アルファベット**

CAT債券	181
DCF	118
DSCR	105
IRR	**29**、33
LTV	26
NCF	28
NOI	**28**、105
PCB	56
PCB特別措置法	57
PML	65
SPC	**12**、34

■ **あ行**

アスベスト	48
アスベスト成形板	50
アセットマネジャー	13、**16**、131
アップサイド	20、**30**
イールドギャップ	**108**、110
遺産分割協議書	92
維持保全計画	157
委託者	95
一括決済	90
一般定期借地権	89
違法建築物	68
入口	21
Aクラスビル	143
エクイティ	24
Sクラスビル	143
越境	77
エンジニアリング・レポート	44、**46**、70、139
屋上広告塔	133
オプション取引	39
オリジネーター	94

■ **か行**

会社定款	92
改善	154
外注費	105
開発型証券化	40
開発法	119
確定実測図	76
囲い込み	55
火災報知器	132
瑕疵担保責任	92
活断層マップ	172
完工保証	37
完工リスク	37
完全所有権	87
館内規則	123
管理権原者	164
管理費	105
既存不適格建築物	52、70、**71**、193
期待利回り	15
機能的減価	139
機能的陳腐化	142
キャッシュ・オン・キャッシュ	29
キャッシュトラップ	106
キャッシュフロー(CF)表	26
キャピタルゲイン	110
旧耐震	**64**、174
共益債権	93
境界承諾書	76
強度向上型	177
業務評価	105
共有	79
共用部分	83
許認可リスク	35
緊急避難路	132
金利キャップ	114
金利上昇リスク	32
近隣問題リスク	36
空室	102
区分所有	79

202

区分所有権	83	指定容積率	193
計画変更リスク	36	地主の承諾	87
経済的減価	139	資本的支出	28
経済的調査	46	借地	87
経済的不適応	148	借地権付き建物	87
経年劣化	139	借地借家法	87
警備費	105	収益価格	106、**118**、138
煙感知器	132	収益還元法	106、**118**
減価修正	138	修繕	154
減価償却費	116	住宅の品質の確保の促進等に関する法律(品確法)	92
原価法	118	受益者	95
現況実測図	76	受託者	95
建築基準法	164	商業登記簿謄本	92
現地調査	79	商圏	129
行為能力	90	昇降機賠償責任保険	165
公示価格	108	詳細調査	62
更新	154	譲渡承諾料	88
公図	76	譲渡担保	74
更生担保権	93	小破	167
固定金利	31	消防計画	164
固定資産税	87、**115**	消防法	164
コンバージョン	**150**、190	消防用設備	164
コンプライアンス	**69**、130	除去	55
		人為的原因による損傷	140
■さ行		シングルテナント	126
催告	122	じん性向上型	177
材質分析	54	真正売買	93、**94**
再調達原価	138	新耐震	**64**、174
最有効使用	148	信託目録(信託原簿)	96
事業費増加リスク	37	信託受益権	95
事業用借地権	89	信用力	129
地震危険担保特約	181	信頼関係	123
地震動予測地図	172	水道光熱費	105
自然災害による損傷	140	スティグマ	60
質権	74	スプリンクラー	132
実測図	76	スラブ	132
指定区域	60	制限能力者	91

索引

制震工法 …… 177	定期借地権 …… 88
清掃費 …… 105	定期借家契約 …… 103
成年被後見人 …… 90	抵当権 …… 74
セール・アンド・リースバック …… 93	定量分析 …… 54
積算価格 …… **118**、138	出口 …… 22
石綿障害予防規則 …… 53	出口戦略 …… 22
設計床荷重 …… 132	手付け(残金決済) …… 90
設備関係費 …… 105	手続きの瑕疵 …… 71
全部事項証明書(登記簿謄本) …… **75**、76	デット …… 24
専有部分 …… 83	テナントニーズ …… 144
相続 …… 92	デューデリジェンス …… 46
損益通算 …… 115	転借人 …… 123
	転貸 …… 122
■た行	店舗総合保険 …… 165
耐火構造 …… 164	倒壊 …… 167
耐火被覆材 …… 50	導管体 …… 35
耐震改修促進法 …… 174	同居人 …… 124
耐震診断 …… 174	投資エリアの分散 …… 141
耐震補強工事 …… 141	投資期間 …… 21
滞納賃料(家賃)保証 …… 122	投資戦略 …… 21
大破 …… 167	投資の平準化 …… 157
タイム・オーバーラン・リスク …… 37	登録免許税 …… 97、**115**
ダウンサイド …… 20、**30**	都市計画税 …… 115
宅地建物取引業法(宅建業法) …… 92	土壌汚染確認調査 …… 62
建物譲渡特約付き借地権 …… 89	土壌汚染対策法 …… 60
建物診断 …… 141	土地条件図 …… 172
短期金利 …… 31	土地履歴調査 …… 61
地代 …… 87	取締役会議事録 …… 92
中破 …… 167	取引事例比較法 …… 118
長期金利 …… 31	取引利回り …… 15
直接還元法 …… 118	
賃借人 …… 123	■な行
賃貸人 …… 123	内装工事 …… 132
賃料滞納 …… 122	内部収益率 …… **29**、33
賃料単価 …… 102	二重課税 …… **35**、116
賃料保証 …… 103	ノンリコースローン …… 13、**24**
通行地役権 …… 75	

■は行

排煙窓	132
賠償責任保険	165
パススルー	**38**、130
バックアップ	131
バリューアップ	152
ピアレビュー(ピアチェック)	68
比準価格	118
非常放送スピーカー	132
被保佐人	90
被補助人	90
表層地盤のゆれやすさ全国マップ	172
表明保証	93
微量PCB	59
封じ込め	55
フェーズ1	61
フェーズ2	62
フェーズ3	62
吹き付けアスベスト	48
普通火災保険	165
普通借地権	87
物理的減価	139
物理的調査	46
不動産取得税	97、**115**
不動産投資家調査	19
不動産特定共同事業法	98
不動産流通税	97
不法占拠	77
フリーレント	104
プレート	170
プロパティマネジャー	**16**、104、131
分散効果	20
変動金利	31
変動賃料	129
防火管理者	164
防火区画	132、**164**
防耐火補強	141
法的調査	46
ポートフォリオ	20
ポートフォリオPML	66
保温材	50

■ま行

マーケットニーズ	153
間仕切り	133
マスターリース	**38**、103、130
まちづくり三法	192
マルチテナント	126
マルチプル	29
未警戒区域	132
未成年者	90
無断転貸	123
免震工法	178
免震レトロフィット	178

■や行

用益権	76
容積率	71
予防保全	**156**、163

■ら行

ライフサイクル・コスト	155
リーシング活動	131
リーシングリスク	37
利益保険	165
リスクコントロール	141
リニューアル	**104**、146
流動性リスク	184
レバレッジ効果	24

著者 三菱UFJ信託銀行 不動産コンサルティング部　http://www.tr.mufg.jp/

不動産に関連する様々な情報・データの収集により、不動産投資マーケットや売買マーケットの調査分析研究を担っている。また、企業財務面からの不動産コンサルティング、取引先に対する不動産マーケットレポート発行による情報発信、MTB-IKOMA不動産投資インデックスの開発・提供、不動産鑑定評価などを行っている。

野田　誠 （のだ・まこと）	1980年、早稲田大学法学部卒業、同年入社。主に不動産部門、法人営業部門を経て、2003年1月、不動産企画部副部長、2003年10月より不動産コンサルティング部部長。投資マーケットや売買マーケットの分析調査、不動産鑑定評価を主に統括。不動産鑑定士。神戸大学経営学部「トップマネジメント講座」講師出講（2005年7月）、国土審議会専門委員（土地政策分科会企画部会 不動産投資市場小委員会。2005年10月から）。著書：「図解不動産証券化のすべて」（東洋経済新報社、共著）。
宮下直樹 （みやした・なおき）	1985年、同志社大学経済学部卒業、同年入社。不動産鑑定、仲介、土地信託等不動産業務全般に携わり、2002年4月より不動産コンサルティング部にて不動産に関する研究、マーケット分析業務を担当。不動産鑑定士、1級ファイナンシャル・プランニング技能士、不動産コンサルティング技能登録。主な著書：「図解都市再生のしくみ」（東洋経済新報社）、「不動産コンサルティング・ポケットブック」（近代セールス社、共著）、「不動産開発事業のスキームとファイナンス」（清文社、共著）。
橘田万里惠 （きつだ・まりえ）	1985年、慶応義塾大学経済学部卒業、同年入社。不動産部門、法人営業部門、海外部門を経て、2002年4月より不動産コンサルティング部にて不動産に関する研究、マーケット分析業務を担当。不動産鑑定士。主な著書：「図解不動産の時価・減損会計と評価（第2版）」「図解不動産金融商品」「総解説 減損会計 検討状況の整理」「減損会計適用指針の実務」「減損会計の実務Q&A」「図解不動産証券化のすべて」（以上東洋経済新報社、共著）、「不動産コンサルティング・ポケットブック」（近代セールス社、共著）。
大溝日出夫 （おおみぞ・ひでお）	1989年、一橋大学法学部卒業、同年入社。不動産部門にて、不動産鑑定、分譲、仲介、信託業務を担当。2004年からウエスト・ヴィレッジ・キャピタル（株）に出向し、不動産投資私募ファンドの設立と運用に携わる。2006年6月から現職。不動産鑑定士、ビル経営管理士、不動産コンサルティング技能登録。